땅에서 삶을 짓다

별도의 표시가 없는 한 교육공동체 벗이 생산한 저작물은 크리에이티브 커먼즈
[저작자표시-비영리-변경금지 4.0 국제 라이선스]에 따라 이용하실 수 있습니다.
http://creativecommons.org/licenses/by-nc-nd/4.0

땅에서 삶을 짓다
자립과 공존을 꿈꾸는 청년들의 함께 살기 실험

ⓒ 김소연 외, 2016

2016년 3월 28일 처음 펴냄

글쓴이 | 진현준, 정혜성, 정민철, 전제언, 임완준, 민지홍,
　　　　문은지, 김진하, 김주영, 김소연, 김성근
기획·편집 | 이진주, 설원민
출판자문위원 | 이상대, 박진환
디자인 | 이수정, 박대성
종이 | 화인페이퍼
인쇄 | 보진재
제작 | 세종 PNP

펴낸이 | 김기언
펴낸곳 | 교육공동체 벗
이사장 | 임덕연
사무국 | 최승훈, 이진주, 설원민, 김기언
출판등록 | 제2011-000022호(2011년 1월 14일)
주소 | 서울시 마포구 성미산로1길 30 2층
전화 | 02-332-0712, 070-8250-0712
전송 | 0505-115-0712
홈페이지 | communebut.com
카페 | cafe.daum.net/communebut

ISBN 978-89-6880-025-2

이 도서의 국립중앙도서관 출판시도서목록(CIP)은 서지정보유통지원시스템
홈페이지(seoji.nl.go.kr)와 국가자료공동목록시스템(www.nl.go.kr/kolisnet)에서
이용하실 수 있습니다. (CIP제어번호 : CIP2016007145)

땅에서 삶을 짓다

자립과 공존을 꿈꾸는 청년들의 함께 살기 실험

진현준 정혜성 정민철 전제언 임완준 민지홍 문은지
김진하 김주영 김소연 김성근 씀

| 차례 |

책을 펴내며
지역에도 청년이 있다, 삶이 있다 … 007
박형일

우리 손 안의 작은 자유를
지켜 나가고 싶은 지리산 청춘들의 이야기 … 010
전북 남원 작은자유 | 쏘야(김소연)

한 번 봐서는 알 수 없다 … 038
전남 해남 미세마을 | 정혜성

'청년'과 '지역'과 '일'을 잇다 … 060
전북 완주 씨앗문화예술협동조합 | 토리(김주영)

오지의 메리트? 없는 게 메리트! … 088
경북 청송 창조지역사업단 | 두루(전제언)

땅과 함께라면 배부른 소리 나도 할 수 있다 … 112
충북 제천 농촌공동체연구소 | 문은지

농촌에서의 지속 가능한 삶을 찾아서 … **136**
충북 괴산 문화학교 숲 | 임완준

이름 따라 간다더니,
다음번엔 이름을 딴따라로 지을까? … **156**
충남 금산 별에별꼴 | 보파(민지홍)

좋은 삶을 위해선 좋은 공동체가 필요하다 … **182**
경남 산청 민들레농장 | 김진하

지역과 지역, 사람과 사람이 만드는 삶 … **200**
강원도 정선 마을에너지공방 ○○ | 진현준

농촌에서 농사만 짓나요? 우리는 꿈도 짓습니다 … **222**
충남 홍성 젊은협업농장 | 김성근

에필로그
앞으로 농촌에 올 수많은 청년들에게 … **248**
정민철

책을 펴내며

지역에도 청년이 있다,
삶이 있다

그곳이 이곳이 되기까지

도시에서 나고 자란 나는 20대가 끝나 갈 무렵, 낯선 '그곳'에 겁 없이 발을 내딛었다. 그리고 30대가 끝나 가는 지금, 난 여전히 그곳에 살고 있다. 하지만, 10년 사이 어느새 '그곳'은 '이곳'이 되었고, 난 어느새 도시가 더 서툴고 어색한 '촌놈'이 되어 있다.

발을 내딛은 그때부터 지금까지, 무수한 (사건과 사고에 가까운) 시행착오를 겪었다. 그리고 지금도 시행착오는 계속되고 있다. 시행착오를 겪으며 난 비틀거리고 절뚝거렸으며 때로는 엎어지기도 하고 주저앉기도 했다. 하지만, 그 시간들은 내게 현실이라는 '땅'에 두 발을 내딛는 과정이자 뿌리내리기였으며, 배움을 위한 성장이기도 했다.

이 책에 실린 이들의 지역살이가 내게는 그렇게 읽힌다. 이들 모두는 낯설게 뿌리내리기를 하고 있으며 시행착오를 통해 한 걸음 한 걸음 배우고 성장하고 있다. 그리고 이들의 배움과 성장은 자신을 향한 것이기도 하지만, 지역 혹은 세상을 향한 것이기도 하다. 일을 만들어 나가는 과정이자 세상과 나의 접점을 찾아가는 여정이며, 각자의 '길 찾기'임과 동시에 우리 사회에 새로운 삶의 생태계를 일구어 가는 일이기도 하다.

'지역살이'는 어떤가?

'지역살이가 어떤가, 힘들지는 않은가?'라는 질문을 종종 받는다. 그 질문에 한마디로 답하자면 '그래, 힘들다'가 될 것이고, 좀 덧붙이자면 '그래 많이 힘들고 어려우며, 때론 혼란스럽기도 하다'가 될 것이다. 힘들고 어려운 것은 지역의 상황 때문이기도 하지만 낯설고 서툰 나의 상황 때문이기도 하다.

하지만, 여기도 사람 사는 곳이고 도시살이도 거칠고 힘든 것은 매한가지 아니던가? '힘든가, 안 힘든가'가 도시살이와 지역살이를 바라보고 선택하는 기준이 될 수 있을까?

이 책에 실린 글을 다 읽은 지금, 나는 이제 그 질문에 조금은 다르게 답해 보려고 한다. 낯선 곳에서 배우고 성장하는 삶, 좋게 말하면 여백이 많고 다르게 말하면 황무지 같은 지역에서 '여백을 황무지가 아닌 가능성으로 바라보고, 낯선 곳에서 낮게 배우고 성장하며, 자신을 실현해 나가며 동시에 세상과 만나 가는 삶'이라고. '그래서 힘을 내야 하는 힘든 삶'이라고, 조심스럽지만 이제는 그렇게 답해 보려고 한다.

이야기의 시작

몇 해 전, 지역 청년들의 성장을 지원해 온 삼선재단(삼선배움과나눔재단/삼선복지재단)과 '교육의 생태적 전환'이라는 화두를 이어 가고 있던 교육공동체 벗에, 지역에서 살아가는 청년들 이야기를 책으로 묶어 내자는 제안을 했었다. 황당했을 법도 한 제안을 교육공동체 벗은 잊지 않았고 지역에서 살아가는 청년들의 이야기가 《오늘의 교육》 지면에 연재되었다. 그리고, 자신의 삶을 진솔히 꺼내어 준 청년들과 교육공동체 벗, 삼선재단의 꾸준한 관심 덕에 이렇게 책으로도 묶여 나오게 되었다.

책에 실린, '흙투성이', '땀투성이'의 이야기들을 시작으로, '낯설게 뿌리내리는 삶'에 대한 더 많은 이야기가 일구어지고 나누어졌으면 좋겠다.

지역에 뿌리내리는 더 많은 '삶'과 '이야기'를 기대하고, 고대하며!

2016년 3월
교육農연구소 박형일

우리 손 안의 작은 자유를
지켜 나가고 싶은
지리산 청춘들의 이야기

전북 남원 **작은자유**

쏘야(김소연) majy0629@gmail.com

울산에서 평범한 청소년기를 보내고
스무 살 이후 뒤늦은 사춘기에 돌입,
서울, 캄보디아, 필리핀, 대전에서의 방황 끝에
지리산에 왔다. 머리로 알고 입으로 말하던 것을
온몸으로 살아 내는 시간을 갖고 싶었다.
그러나 몸과 마음의 저항을 경험한 후로는
'생긴 대로 살아야지'라며 있는
내 모습 그대로를 받아들이는 연습 중이다.

살래청춘식당 [마지]를 함께 준비한 벼리, 이내, 봉자, 쏘야, 느꽁, 탁구, 그리고 작은자유의 스캐너(왼쪽 위부터 시계 방향으로).

우리 만남은 우연이 아니야
– 작은자유의 시작

물 좋고 공기 좋은 지리산 자락 남원시 산내면에는 20대 청년 모임 '작은자유'가 있다. 2014년 6월 말에 만들어졌으니 이제 1년 반 남짓 된 모임이다. 시골 마을에 20대 모임이 생길 수 있었던 이유는, 산내라는 지역의 특성 때문이다. 실상사 귀농학교가 생긴 1990년대 후반 이후로 산내로 귀농·귀촌하는 사람들이 많아져서 현재 산내의 전체 인구 2천여 명 중 귀농·귀촌 인구가 400명이 넘는다. 귀농·귀촌하신 부모님을 따라, 혹은 '실상사 작은학교'라는 대안학교, 인드라망대학이라는 대안대학을 다니느라 산내로 오게 된 우리들은 도시로 나갈지 산내에 살지, 산내에 산다면 어떻게 살지의 경계에 서 있었다. 서로의 존재를 풍문으로만 알고 있거나 지나가면서 어색하게 인사는 했지만 서로가 유의미한 존재로 다가온 건 아니었다. 그러다가 '왜 우리는 외로울까', '왜 우리는 친구가 없을까'라는 질문을 가진 몇몇의 친구들이 연락을 취해 다른 친구들을 불러 모았다. 이렇게 열 명 가까운 청년들이 모이게 되었다.

처음에는 맛있는 것을 같이 요리해서 나눠 먹으며 주로 놀기만 했다. 시골에는 먹고 싶은 음식을 사 먹을 음식점이나 마음 편하게 술을 마실 공간이 마땅치 않기 때문에, 그리고 무엇보다 우리는 돈이 많지 않았기 때문에 먹고 싶은 음식이 있으면 각자 집에서 하나씩 재료를 가져와서 같이 요리를 해 먹었다. 이렇게 둘러앉아 같이 음식을 해 먹는 경험, 소풍도 가고, 노래도 부르고, 소소한 일상을 공유하는 경험을 통해 우리는 어느 마을 누구네 첫째 딸 ○○가 아닌, 한 명 한 명의 사람을 만나고 알아가는 시간을 가질 수 있었다. 모임을 시작한 지 어느 정도 시간이 지나자 우리 모임의 이름을 정하자는 의견이 나왔다. 그때 평소에 노래 부르기를 좋아하던 한 친구가 종종 들려주던 오지은의 〈작은 자유〉가 떠올랐다.

> 너와 즐거운 시간을 보낼 수 있다면
> 아름다운 것들을 같이 볼 수 있다면 좋겠네
> 작은 자유가 너의 손 안에 있기를
> 작은 자유가 너와 나의 손 안에 있기를
> (……)
> 니가 꿈을 계속 꾼다면 좋겠네
> 황당한 꿈이라고 해도 꿀 수 있다면 좋겠네
> ─ 오지은, 〈작은 자유〉 가운데

자의든 타의든 이왕 시골에 살게 된 우리의 삶이 과연 어떠했으면 좋겠는지를 떠올렸을 때, 딱 이렇게 우리 손 안의 '작은 자유'를 지키면서 살면 좋겠다 싶었다. 함께 즐거운 시간을 보내고, 아름다운 것들을 같이 보고, 황당한 꿈이라도 계속 꾸면서, 그렇게 소박하면서도 진실하게 우리가 지금 가진 마음들을 지켜 나가면서 살고 싶었다. 산내의 20대 청년 모임의 이름은 그렇게 '작은자유'로 결정되었다.

탁구는 실상사 작은학교(중등과정)와 언니네(고등과정)를 졸업했다. 작은학교를 다닐 때 어머님이 산내로 오셔서 같이 살게 되었다. 언니네가 2년 과정이라 언니네를 졸업하고 1년간은 산내에 있는 제빵 작업장 '빵아재'에서 일하면서 '앞으로 어떻게 살지' 생각해 보는 시간을 가졌다고 한다. 도시에 나가 알바를 해서 돈을 모으고, 모은 돈으로 몇 개월간 여행을 다녀올 계획도 세웠다고 한다.

이내는 산청 간디학교를 졸업했다. 졸업 후 청주에 있는 한 환경단체에서 일하다가 동생이 다니는 실상사 작은학교가 있는 산내로 귀촌하신 부모님을 따라왔다. 산내에 있는 카페와 실상사 어린이법회에서 알바를 하며 생활해 오던 이내는, 탁구와 함께 인드라망대학에서 에스페란토 수업을 듣게 되었고, 거기서 나와 만났다.

산내에 오기 전 한 공정 여행사에서 일했던 나는, '공정한 여행을 상상하는 우리의 삶과 우리의 관계는 공정하지 않은 것'에 자책하고 지치고 실망하고 무력감을 느낀 채 산내에 오게 되었다. 인드라망대학에서 지내며 몸과 마음이 조금씩 회복되고 있을 무렵, 이내와 탁구를 만나서 함께 이야기를 나누며 꿈틀꿈틀 에너지가 생겨났다. 산내에 오래 머물 계획은 없었지만, 같이 만들어 간다는 느낌, 사부작사부작 공동의 작업을 자연스럽게 해 나가는 과정이 좋았고, 그 순간들을 함께하다 보니 여기까지 왔다.

벼리는 언니가 실상사 작은학교를 졸업했고, 부모님이 10여 년 전에 귀농하셔서 함께 산내로 왔다. 시골 생활이 답답해서 1년간 부산에 가서 생활을 하다, 그래도 자신에겐 산내 생활이 훨씬 안전하고 따뜻하다는 생각이 들어 다시 산내로 왔다. 홈스쿨링을 했고, 요리해서 나눠 먹는 걸 좋아한다. 느꽁, 나무, 그녀는 재주가 많은 삼남매인데 중·고등학교를 다니다 자퇴하고 부모님을 따라 산내로 왔다. 어머님은 타지에서 학교 교사를 하시고 아버님과 함께 살면서 집안일과 밭일, 집 짓는 일을 나누어 하는 삼남매는 우리 중 가장 자립 능력이 뛰어나다고 할 수 있다. 실상사 작은학교를 졸업하고 노래를 더 배우러 서울에 갔다가 방세와 생활비를 감당하기 위해서 시작한 알바가 대부분의 시간을 잡아먹어 결국 몸과 마음의 건강이 안 좋아져 산내로 돌아와 지내는 라온, 역시 실상사 작은학교를 졸업하고 방황을 하다 산티아고 순례길 여행을 다녀온 후로 자신감을 회복하고 목수이신 아버님을 따라 나무 만지는 작업에 관심을 갖게 된 봉자, 금산 간디학교를 졸업하고 인디 밴드 공연사에서 일하다가 제대 후 어머님과 함께 살기 위해서 산내로 온 하무(탁구의 오빠) 정도가 일상적으로 만나는 작은자유 구성원들이다.

  사실 작은자유는 산내에서 지내고 있는 청년이라면 누구에게나 열려 있는 모임인지라, 실상사 작은학교를 졸업하고 서울에서 대학을 다니다가 시간이 날 때면 산내로 내려와 같이 시간을 보내는 보리나, 실상사 작은학교, 산청 간디학교, 홍성 풀무학교 전공부를 거쳐 군대에 갔다가 휴가 때 산내에 와서 함께 지내는 모루(보리의 오빠), 실상사 작은학교와 언니네를 졸업하고 이따금 얼굴을 볼 수 있는 스캐너, 단, 하늘도 전부 작은자유 구성원이라고 할 수 있다.

'기본소득 상상 시나리오 공모전'에 당선된
2014년 9월, 마을카페 토닥에서 '기본소득 상상 잡담회'를 가졌다.
〈기본소득 : 문화적 충동〉이라는 영상을 같이 보고,
기본소득이 생긴다면 각자의 삶이 어떻게 변할지
상상해 보는 시간을 가졌다.

'너와 나의 안녕을 챙기는' 삶에 대한 상상
– 기본소득, 그리고 사회적 경제를 접하다

함께 웃고 노래하고 맛있는 걸 해 먹는 시간은 참 좋았지만, 뭔가 이것 이상으로, 각자의 다양성을 살려 재미난 공동의 작업을 해 볼 수 있지 않을까 하는 생각이 문득 들었다. 우리는 누군가 단톡방에서 "이거 어때요?"라고 던지면 다른 누군가가 "좋아요"라고 받고, 그러면 다음에 전체가 모였을 때 그것에 대해 좀 더 다양하게 이야기해 보곤 했는데, 그때 마침 '기본소득 상상 시나리오 공모전'이 떴다. "매달 당신의 통장에 70만 원이 들어온다면?"이라는 질문을 개인적, 공동체적, 사회적 차원에서 적용하여 시나리오를 만들어 보는 것이 1차 과제였다.

우리는 함께 모여서 기본소득과 관련된 영상을 보기도 하고, 기본소득이 생기면 내 삶에 어떤 영향을 미칠지에 대해서도 생각해 보았다. 노래 부르는 것을 좋아하는 라온은, "산내에서는 노래를 부르면서 먹고살기가 힘든데, 기본소득이 있으면 산내에서도 노래하며 행복하게 지낼 수 있을 것 같아요"라고 했고, 생활비를 벌기 위해 당시 썩 내키지 않는 시골의 한 회사에 면접을 보고 왔던 벼리는 "만약 기본소득이 있다면, 내키지 않는 일을 하는 것보다 좋아하고 잘하는 일에 몰입하며 지낼 수 있을 거예요"라고 했다. 기본소득을 매개로 우리가 살고 싶은 삶에 대해 이야기를 나누어 보니, 우리가 바라는 것은, 각자 하고 싶은 일을 하면서도 서로의 안녕을 챙기며 사는 것, 즉 '우리 손 안의 작은 자유를 지키며 사는 것'에 다름 아니었다. 작은자유의 시나리오가 공모전에 당선

된 후 우리의 이야기를 마을과 함께 공유하면 좋겠다는 데 의견이 모아졌다. 마을카페에서 '기본소득 상상 잡담회'를 개최하여 마을 사람들과 새로운 상상을 나누었다. 이 모든 과정을 힘들이지 않고 사부작사부작 자연스럽게 진행했다. 누가 시켜서가 아니라 각자 할 수 있는 역할을 하고, 그런 것들이 모자이크처럼 합쳐져서 한 편의 작품이 되는 느낌, 신비로운 경험이었다.

  기본소득 공모전을 계기로 '시골에서의 지속 가능한 삶'에 대한 질문과 '작은자유'라는 이름으로 함께 무엇인가를 해 볼 수 있지 않을까 하는 생각이 조금씩 생겨나기 시작했다. 마침 그때 즈음 공익적인 활동에 관심이 많은, 일 벌이기 좋아하는 동네 삼촌이 약간의 예산을 지원해 줄 테니 '사회적 경제'라는 주제로 무엇이든 하고 싶은 걸 해 보라는 제안을 하셨다. 여느 때처럼, 관심 있는 몇 명이 모여서 소규모 프로젝트 팀을 만들어 사회적 경제에 관한 나름의 공부도 하고, 사회적 경제 영역에 종사하고 있다고 여겨지는 청년들을 만나기 위한 탐방 계획도 짜고, 그 와중에 청년 자립 공동체 별에별꼴에서 지내고 있는 보파를 초대해 공동체에 대한 진솔한 이야기를 듣기도 했다. 그러던 중 우연히 완주에서 청년귀촌캠프가 있다는 소식을 접하고 작은자유 구성원들이 여럿 참가하였는데, 이 만남을 계기로 한 달가량 후에는 완주팀과 함께 산내에서 '시골살이를 꿈꾸는 청년들의 네트워크파티'를 열어 보자고 의기투합하게 되었다. '시골살이', '청년', '지속 가능성' 등의 키워드와 연관된 고민들을 사람책, 월드카페 등의 형식으로 함께 나누고 맛있는 음식도 같이 준비해서 먹으며 이야기를 나누다 보니, 우리가 가진 고민이 우리만의 고

완주 청년귀촌캠프가
인연이 되어 산내에서도
'시골살이를 꿈꾸는 청년들의 네트워크파티'를
함께 진행했다.

민이 아니라는 것을 확인할 수 있었다. 청년과 사회적 경제를 테마로 한 서울 탐방, 완주 청년귀촌캠프 참가, 여러 청년공동체의 이야기를 듣는 경험 등을 통해 우리 나름대로 정리된 사회적 경제는 '너와 나의 안녕을 서로 챙길 수 있는 기반을 만드는 것'이었다.

  2014년 6월에 작은자유가 만들어진 후 반 년 동안 쉴 새 없이 달려온 우리는 잠깐의 겨울방학을 갖기로 했다. 얼마간의 시간이 지나고 다시 만난 우리는 전북 완주 삼삼오오 게스트하우스에서 신년 워크숍을 핑계로 모여서 2015년을 어떻게 지낼지 머리를 맞대었다. 각자 작은자유와 함께하고 싶은 것들은 여럿 있었지만, 막상 무엇을 해야 할지 엄두는 나지 않았다. 막막하고 불안한 시간이었다. 그 시간 동안 해외로 여행을 떠난 친구도 여럿 있었고, 농한기라 근처의 다른 도시에 있는 친척 집에 가서 지내던 친구도 있었다.

봄과 함께 찾아온 커뮤니티 밥집 '살래청춘식당 [마지]'

  춥고 긴 겨울 동안, 나 또한 하루에도 몇 번씩 생각이 바뀌었다. 작은자유 친구들과 산내에서 지내면서 무언가를 해 보고 싶다가도, 아무런 안전망이 없이 언제까지 이렇게 살 수 있을까 싶기도 했다. 그러던 와중에 동네의 오래된 식당을 임대한다는 소식이 들려왔고, 우리를 꾸준히 지켜보던 동네 삼촌이 음식을 매개로 마을과 소통하는 커뮤니티 밥집을 해 보지 않겠냐는 제안을 해 주셨다. 식당이나 밥집을 운영할 것이라고 한 번도 상상해 본 적이 없었기에 그 제안에 어리둥절했고 선뜻 답변을 하지 못했다. 요리해서 나눠 먹는 것을 좋아하던 벼리와 함께 그 삼촌을 다시 만났을 때, 그 친구는 밝은 표정으로 "좋아요"라고 했다. 벼리는 당시 개인적인 이유로 산내를 떠나는 것도 생각하고 있었고, 나는 직감적으로 어쩌면 이 프로젝트를 하지 않으면 우리는 뿔뿔이 흩어질 수도 있겠다는 느낌을 받았다.

커뮤니티 밥집을 만드는 일이 한두 명의 개인 프로젝트가 아니라 공동의 작업이 되었으면 하는 바람이 있었다. '이 프로젝트를 왜 하는지'에 대해 서로 납득할 수 있는 대화가 필요했고, '일의 주체는 누구인지'를 둘러싸고 꽤 오랜 시간 설전을 주고받기도 했다. 우리의 공간을 갖고 싶다는 욕구, 시골에서 살 수 있는 최소한의 안전망과 일자리를 스스로 만들어 가고 싶다는 욕구가 여러 차례에 걸친 긴 대화 과정을 통해 차차 긍정적인 에너지로 모아졌고, 작은자유 멤버 중 여섯 명이 이 프로젝트에 함께하기로 했다. 일단 마음을 모으고 나니 크고 작은 갈등과 좌충우돌 속에서도 일은 하나씩 진행되어 갔다.

'왜 이 프로젝트를 하는지'와 관련해 의견을 모은 워크숍은 프로젝트를 제안한 삼촌이 많은 도움을 주셨고, 이 워크숍을 통해 "마을에서 청년들이 배우고, 성장하고, 자립할 수 있는 기회를 함께 만들어 간다"는 우리의 사명이 탄생했다. 그를 위한 첫 번째 프로젝트로 커뮤니티 밥집 운영을 해 보는 것이고, 원하면 두 번째, 세 번째 프로젝트도 해 볼 수 있다고 생각하니, 지금 우리에게 다가온 '커뮤니티 밥집'이라는 인연을 잘 맞이하고, 그 이후 또 다른 재미난 상상들을 현실로 만들어 가 볼 수 있겠다는 동기 부여가 되었다. 공동의 작업을 하는 우리에게 필요한 핵심 가치도 함께 고민하다 네 가지 정도로 추려 보았다. "뻔뻔하되 겸손하게"(파커 J. 파머의 《비통한 자들을 위한 정치학》이라는 책에서 가져온 문장. 나에게 표출할 의견과 발언할 권리가 있음을 알되, 내가 믿는 진리가 부분일 수도 있고, 아예 진리가 아닐 수도 있음을 알기), "하고 싶은 일을 하되 해야 하는 일도 한다", "해 보지 않으면 우리가 얼마만큼 할 수 있는지 알 수 없다", "십시일반". 이 네 가지 핵심 가치는, 이후 이따금씩 상기해 보며 우리가 과연 공동의 작업을 잘하고 있는지를 반추해 볼 수 있는 기준이 되었다.

커뮤니티 밥집 이름은 '살래청춘식당 [마지]'로 정했다. [마지]는 우리 공간을 방문하는 모든 이들을 환대하며 맞이한다는 뜻의 '맞이'와, 시골 마을에서 잘 살아 보기 위한 우리들의 맏이(첫 번째) 프로젝트의 '맏이'를 소리 나는 대로 쓴 것이다. [마지]를 기반으로 여러 사람들이 오가며 다양한 상상과 작당들이 일어나길 바라는 우리의 마음이 잘 담긴 이름 같아 마음에 든다.

이제 우리가 이 일을 왜 하는지 의견도 모아지고, 밥집 이름도 정했으니, 붕어찜, 토끼탕 같은 메뉴를 내던 오래된 식당 공간을 재구성하는 데 필요한 자금을 마련해야 했다. 일단은 우리가 하고자 하는 바를 정리한 리플릿을 엉성하게나마 만들어서 마을 분들에게 음식 쿠폰 선구입과 십시일반 형태로 후원을 받고, 인터넷 모금을 통해서도 공사비의 일부를 마련했다. 삼선재단에서도 부족한 비용을 지원해 주었다. 필요한 자금을 마련하는 것과 병행해서 본격적으로 공사를 시작했다. 먼저 공간을 깨끗하게 하는 것부터. 시멘트를 깨고, 삽질을 하고, 무거운 자재들

살래청춘식당 [마지] 공간 재구성을 위한
웬만한 작업은 작은자유 멤버들이 직접 했다.
나무 다루기를 좋아하는 봉자는
[마지]에서 쓰일 바 테이블, 붙박이 의자,
진열장을 만들며 솜씨를 뽐내었다.

을 옮기고, 곰팡이 낀 벽지를 뜯어내고, 창틀 먼지를 닦고, 같이 먹을 새참 준비를 하고, 걷거나 자전거를 타고 필요한 것들을 수시로 사 오거나 운반해 오고……. 함께 준비하는 누구라도 필요한 일이라면 뭐든지 몸을 사리지 않고 했다. 우리뿐만 아니라, 오가며 말을, 마음을, 음료를, 아이스크림을, 맥주를, 일손을 보태 주는 수많은 사람들의 기운이 모여 조금씩 조금씩 만들어지는 느낌이었다. 셀 수 없는 사람들의 마음이 모아지는, 그래서 그 누구의 소유도 아니지만 그 누구의 소유일 수도 있는, '커뮤니티 밥집'을 함께 만들어 가는 벅찬 시간들이었다.

[마지] 공사를 하는 과정에서는 워크 캠프도 개최하였다. [마지]가 우리'만의' 프로젝트가 아니라, 외부의 다른 이들에게도 열려 있고 함께 만들어 갈 수 있는 프로젝트였으면 했다. 한 대학의 영상 동아리 친구들과 부산에서 온 두 명의 청년들이 [마지] 공간의 재구성에 함께하며 힘을 보태 주었다. 오전에는 열심히 작업을 하고, 오후에 한여름의 뜨거운 햇살이 무겁게 느껴질 때면 근처에 있는 계곡으로 가서 물놀이를 하기도 하면서 일하고, 놀고, 먹고, 이야기하는 하루하루를 보냈다.

인테리어 팀을 중심으로 공사가 진행되는 것과 동시에, 메뉴 개발팀을 중심으로 메뉴도 만들어지고 있었다. 숱한 고민과 논의, 실험 끝에 [마지] 메뉴의 콘셉트는 '기존에 산내에서 먹기 어려웠던 메뉴를 내되, 산내에서 수급할 수 있는 식재료의 비중을 늘려 보기'로 정해졌다. 그렇게 지리산나물두유덮밥, 가지버섯탕수덮밥, 들깨크림파스타, 토마토해물파스타 이 네 가지의 메뉴가 탄생했다. 근처의 조그마한 텃밭을 '마지 콩알 텃밭'이라 이름 붙이고 고추, 깻잎, 가지, 파, 방울토마토 등을 방치농(?!)

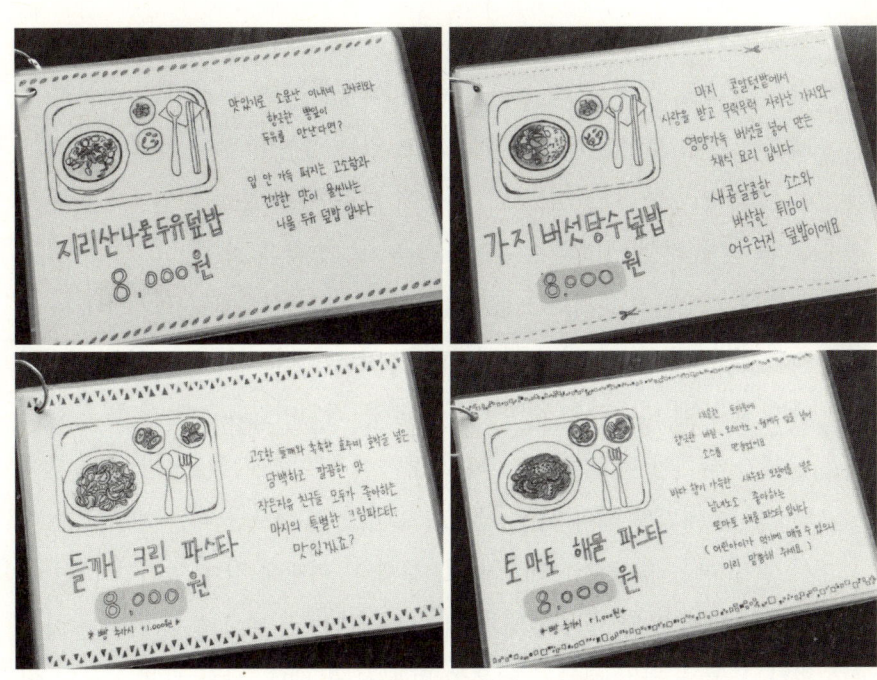

[마지]의 메인 메뉴.
지리산나물두유덮밥, 가지버섯탕수덮밥,
토마토해물파스타, 들깨크림파스타.

으로 길러 수확해서 요리에 보태기도 하고, 산내 농부 분들에게 유기농 쌀과 산나물, 상추, 호박 등을 받아서 메뉴를 내기도 하지만, 여전히 식재료의 많은 부분을 외부에 의존하고 있는 상황이 많이 아쉽다. 올해에는 텃밭 농사를 조금 더 짓고, 마을에 있는 농부 분들과 연계되는 부분을 좀 더 늘려서 아쉬운 부분을 보완해 보고 싶다.

메뉴 개발팀의 벼리와 느꽁은 [마지]에 어울리는 메뉴를 개발하는 것에도 많은 시간과 노력이 들었지만, 무엇보다 서로 다른 성향의 사람과 함께 일을 해 나간다는 것이 매우 어려운 작업이었다고 말해 주곤 했다. "오해가 생기면 바로 해소가 되지 않아서 쌓이기도 하고, 한 번씩 댐을 터뜨리듯 얘기를 해야 하는 상황도 있어요. 흘려보낼 때는 재미있고, 다시 쌓을 때는 힘들고 그래요"라고. 실제로, 이전에 같이 놀기만 하던 관계에서 함께 일을 하는 관계가 되니 부딪히는 부분이 한두 가지가 아니었다. 조금 느리건 빠르건 일은 어떻게든 될 텐데, 사람 관계가 제일 어려운 부분이었다.

한편, 일을 잘하고 싶은 마음이 있는데 처음 해 보는 것투성이라 서투르기만 한 것이 많았고, 거기까지는 괜찮은데 그게 다른 사람의 안전을 위협할 수도 있겠다는 생각이 들었을 때도 정말 힘들었다.

부엌 바닥에 깔 타일을 우리가 골라서 시공을 하는데, 집안일 챙기랴 메뉴 실험하랴 바쁜 와중에 메뉴 팀이 몇 시간 공들여 검색하고 주문한 부엌 타일은 인터넷으로 봤을 때는 예뻤는데 부엌용이 아니었고, 물이 묻으면 미끄러웠고, 수평이 잘 안 맞았다. 그 사실을 타일 1차 시공이 끝나고 알게 되

[마지] 근처의 자투리땅을 '마지 콩알텃밭'이라
이름 짓고 가지, 고추, 방울토마토, 고구마, 대파, 호박을 약간씩 길러
[마지]에서 요리할 때 쓰기도 했다.
나중에는 '마지 콩알정글'이 되었다는 후문!

었을 때, 부엌에서 바쁘게 움직이며 일할 이들의 안전이 너무 염려되었다. 왜 그 중요한 걸 제대로 챙기지 못하고 '알아서 하겠지'라며 손 놓고 있었을까 스스로가 책망되었다. 이렇게 잘 알지도 못하는 상황에서 선택을 하고 결정을 해야 하는 상황이 반복되는 것이 두렵기도 했다. 우리가 스스로 만들어 가는 게 맞지만, 스스로 만들어 갈 준비가 된 건지, 이런 과정을 통해서 준비를 해 나가는 거긴 하겠지만 이래도 되는 건지 싶기도 했다. 대상도 없이, 괜히 원망하는 마음이 생기기도 했다. 일어나자마자 철물점 아저씨한테 연락해서 여쭈었더니, 타일 하나만 만져 봐서는 모르는 거고 시공을 다 끝내 보고 그때 가서도 정 아니다 싶으면 다시 하든지 하자고 말씀해 주셨다. 조금 시간이 흐른 후 마지에 들러 타일 시공한 걸 살펴본 아저씨는, "생각보다 나쁘지 않네"라고 하셨다. 부엌 타일 때문에 잔뜩 긴장했다가 마음이 조금 안도되어 긴장이 풀리니 몸이 여기저기 쑤셔 왔다. 잠깐 쉬러 집에 갔는데 공사에 필요한 모래가 도착했다 하여 비용을 지불하러 자전거를 타고 가는데, 몸에 힘이 없어 페달을 밟고 나아가는 것도 힘들었다. 모래 배달하러 온 아저씨가 식당을 왜 하냐고, 몇 년이 지나면 망하는 식당이 대다수라며 선의로 조언을 해 주시는데 더 듣고 있기가 힘들었다. 평소라면 사람 말을 끊는 걸 썩 좋아하지 않기에 자리를 지키고 있었을 텐데 "집에 가야겠어요"라고 말하며 나섰다. 자전거를 타고 돌아오는데 눈물이 막 났다. 잘하고 싶은데, 잘한다는 게 뭔지도 모르겠고, 잘하고 있는지도 모르겠지만, 잘하고 있다고 얘기하고 있는 나를 본다.

- 2015년 6월 25일의 페이스북 기록 가운데

살래청춘식당 [마지] 준비팀.
준비 과정에서 아지트로 사용했던
벼리네 집 텃밭에서.

살래청춘식당 [마지]의 오픈, 그리고 그 이후

[마지]는 우여곡절을 거쳐 드디어 지난해 8월 말 오픈을 했고, 이제 오픈한 지 5개월 정도 되었다. 처음에는 9시에 출근하여 자정이 넘어서 퇴근하는 일이 잦았는데, 그래도 이제는 조금 안정이 되어 풀타임인 경우 9시 반 정도에 출근하여 밤 9시 반 정도에는 퇴근할 수 있다. 부엌 팀과 홀 팀이 나뉘어 보통 오전 타임은 9시 반~3시, 오후 타임은 4시 반~9시 반 동안 일을 한다. 출근하면 손님 맞을 준비(청소, 재료 준비)를 하다 점심시간(11시 반~2시)과 저녁 시간(5시 반~8시)에 손님을 맞고 이후 설거지와 청소를 하고 퇴근을 한다. 틈틈이 피클 담그기, 김치 담그기, 재료 손질, 요리 실험을 하기도 한다. 누군가 카페 운영의 8할이 청소와 설거지라고 말해 줬는데 [마지]의 일상도 다르지 않다. 그래서 [마지]를 어렵게 준비해서 오픈을 했는데, 이 일이 정말 우리가 원하던 것이 맞는지 의문이 들 때도 있다. 얼마 전 [마지]를 운영하는 친구들이 모여서 회고를 하는데 탁구가 이런 말을 했다. "처음 마지를 하자고 했을 때, 가벼운 마음으로 시작을 했어요. 당시 하는 일도 없었고, 작은자유 안에서 공간에 대한 필요도 있고 우리 힘으로 우리 일을 했으면 하는 마음에 쉽게 생각을 하고 시작했는데, 막상 시작하니 힘들었어요. 지난번에 어떤 분이 재미있냐고 물어보셨을 때 대답을 머뭇거렸어요. 즐겁자고 시작한 일이 하기 싫어지는, 힘든 일로 변해 가는 것을 느꼈어요." 벼리는 "더 가벼워질 수 있는 방법을 찾아봤으면 좋겠어요. 일련의 과정들이 힘든 만큼 경험과 배움이 되지만 지속하기엔 너무 지쳐요. 앞으로는

2015년 8월 말 드디어 살래청춘식당
[마지]를 오픈했다. 오픈파티 때 옥상달빛의 〈빨주노초파남보〉라는
노래를 작은자유 멤버들이 함께 불렀는데,
"다섯 살인 옆집 아이도 그 아이의 아이까지도 이 세상이
아름답다 느낄 수 있도록"이라는 가사가 인상적이었다.

▲ 살래청춘식당 [마지] 전경.

▼ 17평 남짓한 살래청춘식당 [마지] 공간에는 10명 정도의 단체 손님을 받거나 소소한 모임과 작당을 할 수 있는 자그마한 방이 있다.

정신적으로, 체력적으로 지속 가능하도록 했으면 좋겠어요"라고 의견을 보태었다.

첫눈이 왔던 얼마 전에는 처음으로 손님이 아무도 오지 않는 저녁 시간을 맞이했다. 한 친구가 혼자서 읊조리듯 "방법이 필요해. 이러다 우리 굶어 죽겠네"라는 말을 했다. 정신이 번쩍 들었다.

    3개월간의 '오픈빨'이 끝나고 '살래청춘식당 [마지]'의 일상이 어떻게 돌아가는지 하루하루를 곰곰이 관찰해 보았더니, 손님들이 꽤 있는 날도 있었지만 거의 없는 날이 꽤 많았습니다. 날씨가 추워진 것도 한 가지 이유겠지요. 추운 날씨에 따뜻한 국물이 생각날 때 먹을 수 있는 마지모둠우동과 삼삼오오 모여 함께 나눠 먹기 좋은 피자 메뉴도 실험 중에 있고, 산내 농부 분이 키운 생강을 20만 원어치 사서 일일이 손질해서 담은 생강청으로 내는 생강차도 겨울 메뉴로 준비 중에 있지만, 메뉴를 새로 개발하는 것과는 별개로 우리에게 안전망이 필요하다고 느껴집니다.

- 2015년 11월 26일의 페이스북 기록 가운데

요즘은, 우리가 일상을 열심히 살아 내는 것과 별개로, 우리에게 안전망이 필요하다는 생각을 많이 한다. 시골 마을을 떠나지 않고 한번 잘 살아 보고자 하는 청년들에게 최소한의 안전망을 함께 마련해 주는 것, 너와 나의 안녕을 챙기는 일, 우리 손 안의 작은 자유를 지키는 것, 이 모든 것들이 하나의 실로 연결되어 있다는 느낌을 받는다. 그래서 '작은 자유' 이름으로 정기 후원을 받을 수 있는 시스템을 마련해서 응원해 주

어느 좋은 가을날,
살래청춘식당 [마지].

시고자 하는 분들의 도움을 받고, 후원해 주시는 분들이 [마지]를 방문하셨을 때 매달 따뜻한 밥 한 그릇 대접하는 것과 더불어 우리가 산내에서 '잘' 사는 것으로 보답하려고 한다.

—·—

첫 마음을 다시 떠올려 봅니다. 우리 손 안의 작은 자유를 지키며 살고 싶다는 그 마음이 작은 씨앗이 되어 여기까지 왔네요. 우리는 어떤 열매를 맺을 수 있을까, 열매를 맺을 수 있긴 한 걸까 의심이 들 때도 있습니다. 그럼에도, 매일매일 좌충우돌인 우리에게도 이 혹독한 겨울이 지나면 봄이 올 것이라고, 그러면 또 우리는 얼마간 자라 있을 거라 기대하고 싶습니다. 마지막으로, [마지]를 준비하며 우리의 소망을 담아 거칠게 써 내려 간 시 한 편을 공유합니다.

우리에겐 꿈이 있습니다

청년들이 배움의 기회와 일자리를 찾아
산내를 떠나지 않고도
마을에서 어린아이들, 어른들과
세대를 넘어 어울리며 서로의 지혜를 나누고 싶다는 꿈.

더 나은 존재가 되고 싶다는
내면의 열망을 함께 키워 가고

함께 배우고 일하면서 살아가는 꿈.

이곳이 더 살 만한 곳,
사랑할 수 있는 곳이 될 수 있게
우리도 기여를 하고 싶다는 꿈.

우리에게 기회가 없음을 불평하기보다는
우리가 가진 소중한 것들의 가치에 주목하고
우리 스스로 자립과 성장의 기회들을
함께 만들어 갈 수 있다는 꿈.

우리의 작은 시도들이 누군가에게는
다른 삶을 선택하는 용기를 불어넣어 주고
진짜 행복이 무엇인지 질문하게 하고
조금 느리더라도 서로 돌보며 사는 삶을
선택하는 데 마중물이 되고 싶다는 꿈.

아, 우리에겐 꿈이 있습니다.

작은자유와 살래청춘식당 [마지]를 소개합니다

작은자유

지리산 자락 전북 남원시 산내면에 있는 20대 청년 모임입니다. 친목 모임으로 시작하였지만 이제는 청년들이 시골 마을에서 재밌게 잘 살아갈 수 있는 방법을 함께 고민합니다.

살래청춘식당 [마지]

작은자유에서 운영하는 커뮤니티 밥집입니다. 지리산나물두유덮밥, 가지버섯탕수덮밥, 들깨크림파스타, 토마토해물파스타, 마지우동을 드실 수 있습니다. 운영비와 인건비를 제외한 수익은 청년기금으로 적립되어 산내의 청년들이 배움의 기회를 가지고자 할 때 지원하고자 합니다. 또한 청년맞이 프로그램을 통해 자신의 일을 스스로 개척하면서 살아가고 있는 다양한 청년들을 지리산으로 초대해 교류하면서, 산내에 있는 청년뿐만 아니라 미래의 청년이 될 청소년들도 '다른 방식으로' 자신의 미래를 모색하는 데 도움을 주고 싶습니다. '마을맞이 프로그램'을 통해서는 마을을 위한 여러 봉사 활동에 밥을 나누고 마을 사람들을 초대해서 그들의 지혜를 청년들과 나누는 시간을 가지고자 합니다.

지리산 청년들의 배움, 성장, 자립을 위한 안전망을 만들어 가는 길에 '작은자유' 정기 후원으로 함께해 주실 수 있습니다. 후원은 작은자유 홈페이지 상단 우측의 '작은자유 후원하기' 메뉴에서 하실 수 있습니다.

- 주소 (55804) 전북 남원시 산내면 천왕봉로 721 살래청춘식당 [마지]
- 홈페이지 www.majy.co.kr
- 페이스북 www.facebook.com/sannaesalae
- 이메일 majy0629@gmail.com
- 전화 070-7794-0302

한 번 봐서는
알 수 없다

전남 해남 **미세마을**

정혜성 jsadcafe@hotmail.com

미세마을에 살게 된 지 4년째 된
아직 초보인 농부이다.
처음에는 한 해를 사는 작물만 눈에 들어왔는데
지난해에는 몇 해를 길러야 한다는 작물들과
나무를 처음으로 심어 보았다.
시간이 쌓여 감이 새롭게 느껴진다.

9월 중순, 늙은 호박을 한살림에 출하하였다. 기대했던 것보다 호박 농사가 잘되지는 않았지만, 그래도 맛있게 먹을 사람들을 생각하면 즐겁다.

이 글의 마감이 걸린 주에 순천에 있는 대안학교에서 온 여덟 명의 친구들이 일주일을 지내고 돌아갔다. 이젠 낮에 볕이 제법 뜨거워져 힘들었을 텐데, 일하기 싫다고 하면서도 도망가지 않고 자리를 지켜 주는 것만으로도 고마울 때가 있었다. 애써서 챙겨 주지 않아도 그대로 좋았을 텐데, 괜히 과한 에너지를 냈던 것은 아닐까, 그래서 괜히 내 기력만 소진한 게 아닐까 하는 생각도 든다. 하여튼 그 덕분에 낮에는 그 친구들과 함께 시간을 보내고 밤에는 글을 써 보려고 했던 애초의 계획은 보기 좋게 실패했다. 짬짬이 노트북을 켜긴 했지만, 빈 화면을 앞에 두고 잠들기를 며칠. 역시 주경야독은 너무 어렵다.

미세마을은 사람들이 흔히 '땅끝'이라고 알고 있는 전남 해남에 위치해 있다. 그러나 정작 우리가 사는 곳에서 땅끝이나 바다는 한참이나 멀고 손님이 올 때나 관광 차 한 번씩 가게 되는 그런 곳이다. 어쨌든 서울에서 가장 멀다고 할 수 있는 이곳에 2012년부터 청년 몇 명이 모여서 함께 농사를 지으며 살기 시작했고, 구성원이 조금 바뀌고 살아가는 방식도 조금씩 달라지긴 했지만 농사를 짓고 함께 살기를 연습한다는 처음의 뜻은 그대로 이어지고 있다.

나는 4년 전에 이곳에 왔다. 서울에서 언젠가는 지역으로 내려가서 살자고 함께 모여 작당하던 친구들 가운데 시기가 맞았던 헬짱, 치자와 함께였다. 셋이라서 조금 더 힘이 생기고 마음을 먹기도 수월했던 것 같다. 그 셋이 지금도 함께 살고 있다. 누군가는 걱정스레 묻는다. 그래, 사이는 괜찮니? 물론 괜찮을 때도 있고 어려울 때도 있다. 오랫동안 알고 지내던 사이였는데 내가 알던 사람이 저 사람 맞나 하는 생각이 들 때도 있고, 그 관계를 지키기 위해서 더 조심스러울 때도 있다. 두 사람도 내가 이런 사람인 줄 몰랐다고 했다. 그도 그럴 것이 서울에서 친했다면 친했다고 할 수 있겠지만 기껏해야 만나서 홍대의 카페를 순례하거나 독서 모임 같은 우아한(?) 활동이나 하며 하고 싶은 말을 선택해서 나누던 그런 사이였으니까. 이렇게 매일 같이 밥을 먹고, 일을 하고, 집을 공유하며 사는 것은 사람을 적나라하게 드러나게 한다. 그 낯섦에 적응하기까지는 시간이 꽤 걸렸고, 어쩌면 지금도 그 시간 중에 있는 것 같다.

미세마을이 있기까지

미세마을이 사용하고 있는 집과 땅은 미세마을의 식구 중 한 명인 단의 부모님이 10년쯤 전부터 마련해 둔 것이다. 우리는 두 분을 종수 오빠, 정희 언니라고 부른다. 두 분은 언젠가 이곳에 많은 사람들이 와서 쓰일 것을 예상하고 조금씩 집을 짓고 터전을 만들어 왔다고 한다. 그런데 그 사람이 아들이 될지는 생각지도 않았다고 하셨다. 이곳에 종수 오빠가 거의 10년을 혼자서 돌을 쌓아 지은 인상적인 건물이 있다. 우리보다는 어린아이들을 위한 공간으로 쓰이길 바라는 마음으로 건물 이름도 개미학교라고 지었단다. 이 건물은 문도 작아서 어른이 들어가려

종수 오빠가 10년에 걸쳐 짓고 있는 개미학교.
어른보다는 어린아이들을 위한 공간으로
쓰이길 바라는 마음으로
건물 이름도 개미학교라고 지었단다.

면 몸을 낮추어야 하고, 아이들이 좋아하는 다락방도 있다. 종수 오빠는 건물 입구에 '물음표'를 그려 놓고 "질문을 가진 자만 들어올 것"이라고 쓰고 싶다는 얘기를 자주 하셨다. 처음 그 얘기를 들었을 때 별로 질문이 많지 않다고 생각했던 나는 속으로 좀 찔렸다. 아, 들어가도 되나. 그러다 "질문은 꼭 말로만 하는 게 아니라 속으로 갖고 있는 것도 질문이다"라는 누군가의 말을 들으며 '아, 그럼 들어가도 되겠구나' 위안을 받은 일도 있었다.

하여튼 그 10년이라는 세월 동안 종수 오빠는 이제 집 짓기의 달인이 되었다. 누구도 따라갈 수 없는 꾸준함 덕분인 것 같다. 두 분은 미세마을이 아니라 해남 읍내에 사는데 종수 오빠는 매일 새벽에 동이 트기 전부터 와서 집을 짓다가 10시쯤 돌아간다. 겨울에는 조금 늦춰지지만 해가 일찍 뜨는 여름에는 새벽 5시도 못 되어 나타나서 잠 많은 우리들을 부끄럽게 만든다. 종수 오빠가 오지 않는 날은 1년 가운데 거의 손에 꼽힌다. 눈이 와서 길이 막힌 날처럼 천재지변이 아니면 거의 없다고 봐야 할 것이다. 그런 꾸준함, 일상을 살아가는 성실함 앞에서 가끔 면목이 없을 때가 있다. 우리는 그분들이 만들어 놓은 공간을 거의 무단으로 점거해서 살아가고 있는 셈이기 때문이다. 우리의 면목은 언제쯤 세워질까?

이 개미학교를 종수 오빠가 10년 동안 혼자 지었다는 말을 듣고 어떤 분은 부인이 참 대단하다는 말을 했다고 한다. 그 말을 전해 준 정희 언니의 표정에서 그간의 외로움이 조금은 보이는 듯했다. 외골수인 종수 오빠와 달리 정희 언니는 사람들과 함께 이야기하는 것을 좋아한다.

그리고 종수 오빠를 뒤에서 움직이는 제일 큰 권력자이기도 하다. 마음도, 손도 참 크고 재주도 많아서 줄 수 있는 걸 많이 가진 분이다. 정희 언니 덕분에 가난한 우리가 배불리 잘 먹고 산다. 언제 다 갚을 수 있을까를 생각하면 한 번 더 면목이 없어진다. 두 분은 혼기가 찼는데도 결혼도 하지 않고 이렇게 모여 살고 있는 우리를 이해하기 어려운 종족들이라고 말씀하곤 한다. 그래도 지켜봐 주고 응원해 주시는 것이 참 감사하다. 두 분도 당신들이 어디까지 지켜볼 수 있는지 지켜보고 있는 중이라고 한다. 두 분도 아직 삶이라는 과정 중에 있는 것일 게다. 두 분처럼 이곳의 풍경, 건물들 역시 계속 진행 중이다. 이곳들이 어떤 모습으로 완성되어 나갈지 기대가 된다.

밥상

미세마을에서는 함께 밥을 해 먹고 사는 일이 중요하다. 오죽하면 우리가 가장 중요한 규칙으로 꼽는 것이 돌아가면서 식사 당번을 하는 일이다(그것 말고는 거의 규칙이 없다고도 볼 수 있다). 슈퍼에서 원하는 재료를 쏙쏙 골라 담을 수 있는 곳에 있지 않기 때문에 채취부터 손질, 그리고 밥상을 차리고 먹고 치우기까지 하다 보면 하루가 후딱 가 버린다. 한때 미세마을을 소개하면서 꼭 빼놓지 않고 하던 말이 있었는데 미세마을은 밥이 참 맛있다는 것이었다.

미세마을에 사는 친구들은 이제 '대장금'이 다 되었다. 가장 놀라운 발전을 이룬 것은 현정이다. 처음 이곳에 왔을 때, 요리 한 가지를 해야 한다는 미션에 현정이 준비해 온 것은 김밥이었는데 김밥 레시피를 출력해 와서 우리를 당혹하게 만들었다(아, 이곳에서 정말 특이한 사람들을 많이 만나긴 했지만 김밥을 레시피 보고 만드는 사람을 만나게 될 줄은 몰랐다). 현정은 놀란 내게 약간 민망해하며 습관이라고 변명하듯 둘러댔다. 어쨌든 지금까지도 현정은 무슨 요리를 할 때 꼭 레시피를 검색해서 만든다. 습관이 맞긴 맞는가 보다. 그런데 그 황금 레시피 덕분인지 현정의 요리는 다 맛있다. 그래서 우리는 현정을 윤장금이라고 부른다(성이 윤씨다. 조선시대에 많은 중전을 배출한 파평 윤씨라고 한다).

이삭은 얼큰한 음식을 좋아한다. 그런데 함께 사는 다른 사람들이 매운 음식을 잘 하지 않는 게 가끔 불만이라고 한다. 그래서 본인이 식사 당번일 때는 꼭 매운 음식을 만든다. 이삭이 만든 겉절이는 누구도 흉내 낼 수 없다. 그래서 한때 '쩌리고'라고 불렸다(성이 고씨다). 가끔은 너무 맵고 짜서 타박을 듣기도 하지만 이삭이 만드는 음식은 단연 독보적이다. 그런 이삭이 요즘 반항기를 보내고 있다. 식사 당번을 하지 않겠다고 한다. 아무것도 하고 싶지 않단다. 하고 싶지 않겠다면 하지 않게 놔둘 수 있는 대인배가 되고 싶다. 나에게도 여유가 있을 때는 얼마든지 놔둘 수 있지만 바쁠 때 이로 인해 내 일이 많아지면 이삭이 밉기도 하다. 아, 어쩌면 좋을까.

헬짱은 무척 꼼꼼하고 신중한 사람이다. 그래서 새로운 시도는 잘 하지 않는다. 안 해 본 요리를 할 때는 꼭 책을 펴 들고 한다(헬짱은 스마트폰을 쓰지 않기 때문에 검색보다는 책을 이용한다). 그리고 음식이 남아서 냉장고로 들어가는 것을 싫어하기 때문에 딱 정량만 만든다. 미세마을

미세마을의 밥상.
미세마을에서는
밥해 먹고 사는 일이
중요하다.

의 최고 권력자인 헬짱의 카리스마도 조심조심 요리할 때에만 유일하게 좀 사그라지는 것 같다.

치자는 이곳에 살면서 손이 부쩍 커졌다. 나라면 두세 번은 쓸 것 같은 재료를 아낌없이 쏟아붓기도 한다. 그러나 시골에 와서 그 음식들을 거의 남기지 않을 만큼 식욕이 왕성해졌기 때문에 치자의 큰 손이 아주 다행으로 느껴질 때가 많다. 작년에 열 명이 넘는 일꾼들이 함께 일할 일이 많았는데 그때도 치자의 큰 손이 아주 요긴했다. 힘들고 고된 노동에 지친 일꾼들에게는 어떤 맛있는 음식보다도 푸짐한 게 제일인가 보다.

단은 된장찌개를 좋아한다. 어쩌면 사람이 그렇게 한결같을 수 있는지, 그가 식사 당번인 날의 9할 정도는 된장찌개를 먹게 되는 것 같다. 다른 요리는 들쭉날쭉한데 된장찌개만은 잘 끓인다고 인정해야 될 것 같다. 그리고 바빠서 밖에 있는 일이 많아 맛있는 것을 먹을 때에는 자주 자리에 없다. 우리는 늘 먹을 복이 없다고 말하지만 사실 먹고 사는 일에 그렇게 많은 관심이 있는 것 같지 않아서 된장찌개만 있어도 충분해 보인다.

나는 손이 작다(몸에 있는 손은 큰 편이다). 남아서 버리는 게 싫기 때문이다. 그래도 미세마을에 살면서 조금 커지긴 했다. 그런데 미세마을에는 남아도는 게 너무 많다. 우리가 생산하는 농산물 중에서 팔 수 없는 것이 많이 나오기 때문이기도 하고, 주변에서 받게 되는 것도 많아서다. 돈을 많이 벌지는 못하지만 그렇게 받은 것들로 우리는 참 잘 먹고 산다. 누군가가 그걸 사회적 부라고 얘기해 주었다. 참 고마운 일이다.

그런데 남는 게 많은 것이 나를 힘들게 한다. 남는 것을 그냥 지켜볼 수만은 없기 때문이다. 가장 좋은 일은 남과 나눠 먹는 일이다. 그러고도 남은 음식은 빨리 처리해야 하지만 그러지 못할 때도 많다. 공공연한 비밀이지만 요리할 때 썩기 직전의 재료도 많이 넣었다. 덕분에 튼튼한 장을 갖게 되었는지 아직까지는 별 탈 없이 살고 있다.

농사라는 배움 그리고 배움터

삶이라는 것이, 그리고 농사라는 것이 비슷한 것 같으면서도 매번 다르다. 미세마을의 농사 선생님인 장흥에 사는 쪼 선생님은 '농사에는 장인이 없다'고 한다. 사람이 아무리 농사를 오래 지어도 평생 100번도 채 짓지 못할 것이다. 그리고 우리는 이제 겨우 한 자리 수의 농사를 지어봤을 뿐이다. 아직 실력도 경험도 부족한데, 매년 날씨도 다르고 새로운 변수와 새로운 어려움이 생긴다.

지난해에는 시작부터 좋지 않았다. 미세마을의 봄 농사는 단호박 씨앗을 파종하는 것부터 시작하는데 물 주기 방식을 좀 더 편리하게 해보려고 고안했던 방법에 문제가 생겨서 싹이 제때에 잘 나오지 않았다. 아예 싹이 나오지 않은 것도 수두룩했다. 아무리 초보라고 해도 싹부터 힘들게 하는 경우는 처음이라 참 난감했다.

게다가 3~4월 날씨가 쉽게 따뜻해지지 않아서 다른 작물들도 싹들이 제때에 올라오질 않았다. 고구마는 땅에 묻어 모종을 기르는데 예년에 비해서 싹이 올라오는 속도가 너무 더뎠다. 재작년 농사 일지에는

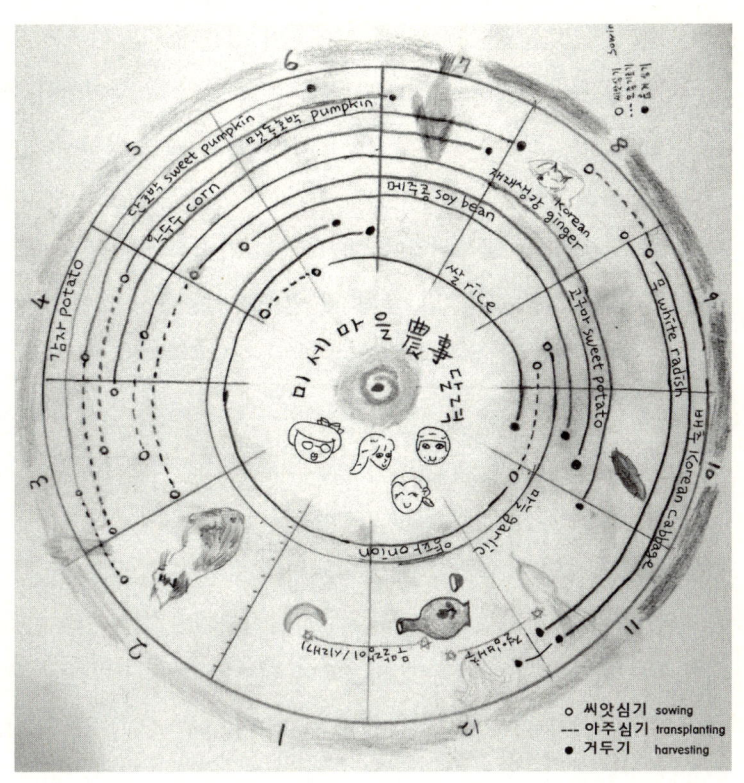

2013년의 농사일지를
기본으로 해서 만든 농사달력.
방문할 때 참고하시길.

5월 초에 고구마를 심은 것으로 기록되어 있는데 지난해에는 5월 초에 고구마들이 겨우 싹을 올리기 시작해서 5월 말이 다 되어서야 한 번 심을 만하게 컸다. 또 막상 심을 때가 되니 비가 오질 않아 적당한 때를 기다리느라 또 며칠이 지체되었다. 비가 자주 오질 않으니 단호박 같은 작물에는 진딧물이 극성이었다. 비가 와서 가끔씩 쓸려 나가기도 해야 작물도 자라고 하는데 그럴 틈이 없었다. 유기농에서 허용하는 벌레약을 가끔씩 뿌려 주긴 하는데 그리 효과가 좋진 못했다.

최근에는 큰 도시를 벗어나 농촌 지역으로 터전을 옮겨서 살고 싶어 하는 청년들이 하나둘씩 늘어나고 있다. 다양한 이유가 있겠지만 도시보다 덜 복잡하고 주어진 일이 아니라 자신이 기획하고 만들어 나갈 수 있는 틈이 엿보이기 때문일 것이다. 그런데 집도 없고 땅도 없고 돈도 없는 청년이 아무 연고도 없는 시골에서 살아가기란 그리 만만한 일이 아니다. 미세마을에서 청년들이 비교적 수월하게 농사를 지으며 정착해서 지낼 수 있는 것도 종수 오빠, 정희 언니라는 어른들의 '내어줌'이 아니었으면 가능하지 않았을 일이다. 그래서 이곳에서 산다는 것의 의미는 그리 가볍지 않게 느껴진다. 해가 갈수록 점점 더 그렇다. 이곳이 지닌 의미를 조금 공유하기 위해 2014년부터 미세마을 배움터를 시작했다. 농촌에서 살아 보려는 청년들에게 진입로이자 비빌 언덕의 역할을 하겠다는 뜻에서였다. 그리고 미세마을의 입장에서도 새로운 청년들이 들어와 순환이 되고 그로 인해 활력을 얻는 것이 필요하다.

조금 딴 얘기지만, 미세마을에 관심을 갖고 찾아오는 청년들 중에는 여성의 비율이 더 높다. 지금 살고 있는 구성원도 여자가 넷, 남자가 둘이다. 현실적으로 여자가 혼자서, 혹은 나처럼 여자가 셋이 모였어도 시골에 들어가 사는 건 쉬운 일이 아니기 때문일 것이다. 이들은 동네 주민들의 특별한 시선이나 배려의 대상이 되며, 농기계를 잘 다루지 못하니 맨손으로 하거나 아니면 주변의 남자들에게 아쉬운 소리를 하며 살아야 할 것이다. 그런 면에서 우리는 이곳에서 농촌에서의 적응 과정을 비교적 수월하게 거친 셈이다. 앞서 비슷한 과정으로 거쳐 간 사람들이 있었으니 처음에는 우리도 그들과 비슷한 사례로 받아들여지고, 이후에 서서히 관계를 맺어 갈 수 있었다. 물론 아직도 장가 못 간 아들을 소개시켜 주시겠다는 할머니가 있긴 하다.

배움터라는 이름에는 농사를 배운다는 뜻과 이렇게 함께하는 일상 안에서 항상 배운다는 자세를 가지고 살자는 뜻을 담았다. 하지만 청년이라고 해도 서른이 넘은 사람들(미세마을 식구들의 평균 연령은 35세 정도)이 항상 배우는 자세로 살기는 쉽지 않다. 자꾸 전에 가졌던 습들이 튀어나오고, 웬만하면 충돌은 피하려 하기도 한다. 배움을 삶으로 가져온다는 것이 이런 의미를 담고 있는 것임을 알았다면 그때 그렇게 쉽게 말하지 못했을 것 같다.

돈과 경제 이야기

이제는 조금 어려운 얘기를 해야 할 것 같다. 시골에서 농사짓는 것은 이제 좀 해 볼 만해졌는데, 그걸로 먹고사는 돈을 마련하는 것은 아직 어렵다. 미세마을에서는 농사로 돈을 벌어서 살아가는 데 필요한 돈

결정해야 할 일은 그때마다
여러 가지 방식으로 시도해 보려고 한다.
미세마을을 협동조합 방식으로 구성하고
각자의 직책을 제비뽑기로 정했다.

과 배움터의 운영 경비를 마련하기 위해 애쓴다. 그런데 아직까지는 돈벌이가 신통치 않다. 본격적으로 함께 농사를 지어 돈을 마련해 보자고 작정한 지 올해가 4년째이다. 첫해인 2013년에는 여섯 명이 농사를 지어 3,000만 원 정도를 벌었다. 농사지은 작물은 한살림에 출하하거나 직거래로 판매하는데 그 비중은 작물에 따라 다르지만 거의 반반 정도 된다. 수입 가운데 농사에 필요한 종자, 퇴비, 기계 유지 및 수리비 등으로 1,000만 원 정도가 나갔고, 나머지 1,000만 원 정도를 생활비와 운영 경비로 썼다. 그리고 남는 1,000만 원 좀 못 되는 돈을 여섯이서 나눠 가졌다. 처음 짓는 농사이고 많이 놀기도 했지만, 개인의 필요 비용까지 해결하기에는 턱없이 부족한 결과였다. 다만 농사를 짓는 데 필요한 기본적인 내용을 접하고, 익숙한 몸을 만들었다는 데에 의의를 둘 수 있을까.

2014년에는 예닐곱 명 정도가 함께 농사를 지어(처음에는 여덟 명이 시작했다가 여름부터 여섯 명이 되었다) 5,500만 원 정도를 벌었다. 농사짓는 자본으로 2,000만 원 정도가 들어갔고, 함께 먹고 자고 하는 생활비와 배움터 운영 경비로 1,600만 원, 그리고 1,200만 원 정도를 나누어 가졌다. 얼마 안 되는 나머지 돈은 다음 해 상반기의 생활비와 농사 종잣돈으로 사용했다.

지난해에는 규모를 조금 더 늘렸다. 여기저기서 땅을 빌려주겠다는 제안이 있어서이기도 했지만, 농사로 돈을 벌기 위해서는 지금보다 규모가 좀 더 커야 한다는 판단 때문이었다. 처음 1, 2년 차에는 우리 안에서 농사일을 모두 감당하려고 했지만 지난해에는 방식을 달리하였다. 농사

2015년 초에 여성들이 직접 하는
집 짓기 워크숍을 열어
구들을 놓고 미장하는 법도 배웠다.
사진은 구들 팀이
아궁이 앞에서 찍은 기념사진.

라는 것이 1년 365일 일이 있는 것이 아니고 크게는 심을 때와 거둘 때, 중간중간 풀을 매거나 손볼 일이 있을 때 노동력이 많이 투입됨을 몇 년간의 경험으로 알게 되었다. 일손이 많이 필요할 때에는 주변에 있는 친구들과 함께한다. 미세마을 주변에 귀농한 젊은 친구들이 하나둘씩 늘어 이제 우리 동네에만 다섯 가구 정도의 젊은 청년들이 살고, 해남 전역으로 확대하면 더 많다. 사람 손이 많이 필요한 날에는 이 친구들에게 연락을 돌리고 그날 시간이 되는 사람이 모여서 함께 농사를 지었다. 많이 모일 때는 열다섯 명 가까이 모인다. 이렇게 모여서 일을 하면 시간도 짧아지고, 힘도 덜 들여 일을 끝마칠 수 있다. 아직 기력이 남아 있을 때에 일이 끝나기 때문에 끝난 후에 즐겁게 참도 먹으면서 이야기도 나눌 수 있었다. 초보자들이 많아 결과물이 들쭉날쭉한 것이 조금 큰 결점이지만 아직까지는 그럭저럭 감내할 만한 수준인 것 같다.

첫해에는 농사 수익을 연말에 분배하는 방식으로 나눴는데, 2014년에는 한 달에 10만 원씩 기본소득을 받았다. 처음엔 이름이 기본소득이었다가 소득이 되기에는 너무 약소한 액수라 '용돈'이 되었다가 최종적으로는 '용전'으로 바뀌었다. 용전은 용돈과 비슷한 말로 소소하게 잡비로 쓰는 돈을 말한다고 하다. 우리가 쓰는 개인 비용까지 충분히 마련해 주지는 못하지만 통신비나 교통비 등 일부 고정 비용은 보전해 주자는 뜻에서 시작되었다. 그러나 상반기에 투입 비용이 많이 들어가는 농사의 속성상 상반기 용전 비용을 마련하는 것이 쉽지 않았다. 그래서 각자 여유 있는 사람이 7월 정도까지는 기본소득 기금을 출자해서 내고 그 비용으로 지급했다. 뭐 우리 돈으로 우리가 나눠 가진 셈이지만, 그

해남에 매년 찾아오는
두물머리 유랑농악단
친구들과 함께.

래도 돈을 받는 날이 돌아오면 기분은 좋았다. 매달 일정한 돈이 생기는 것도 도움이 되었다.

그렇게 1년을 운영했던 제도를 지난해에는 없앴다. 공동으로 하는 일보다 각자의 영역을 구축하는 해로 삼자고 했기 때문이다. 그만큼 함께 짓는 공동 농사의 비중도 줄였다. 함께 농사를 지으면 무거운 짐이 덜어지는 것이 장점이지만, 서로의 스타일이 다르기 때문에 생기는 불편함은 감내해야 한다. 초짜 시절에는 농사 경험이 있는 친구가 제안하는 대로 따랐기 때문에 충돌이 덜했지만 이젠 다들 돌아가는 대강을 알기 때문에 다양한 의견들이 나온다. 여러 의견을 합의하는 것도 좋지만, 지난해에는 각자의 리듬에 맞는 농사를 지어 보기로 했다. 단은 앞서 말한 큰 규모의 농사를 지어 생협에 출하하거나 직거래 판매를 하는 일을 주도하기로 했고, 치자와 헬짱은 본격적인 꾸러미 사업을 해 보려고 다양한 작물을 조금씩 심어서 연습해 보기로 했다. 물론 그렇다고 처음부터 끝까지 다 혼자 하는 것은 아니고 사람 손이 많이 필요할 때에는 같이 조율해서 했다.

미세마을 안에서의 삶이 쌓이면서 미세마을이 가진 뜻을 함께해 나가는 일과 개인의 영역을 구축하는 일은 조금 별개라는 것을 알게 되었다. 이곳에서의 삶이 지속 가능하기 위해서는 개인의 삶이 안정되어야 함도 알게 되었다. 그래서 올해의 삶은 이전과는 조금 다른 무게가 느껴진다. 개인적으로 귀농한 사람들이 첫해부터 당면하는 과제들을 우리는 미세마을이라는 울타리 안에서 채비를 갖추고 조금 천천히 시작하는 셈이다. 올해 계획한 성과를 거둘 수 있을지, 아니면 또 다음 해를 기약해야 할지는 알 수 없다. 그러나 삶이라는 것이 한 번으로는 알 수 없더라. 그러니 이번에 안 됐다고 실망할 것도 아니다. 삶은 알 수 없지만 이전보다는 덜 불안한 마음으로 시작할 수도 있을 것 같다. 우리에게는 앞날보다는 조금 더 예측 가능하고 의지할 수 있는 친구들이 있기 때문이다.

미세마을을 소개합니다

미세마을은 젊은 청년들이 함께 농사짓고 공부하며 살아가는 마을공동체입니다. 나아가 시골살이, 농사, 공동체적인 삶에 관심 있는 분들에게 열려 있는 체험장이자 나눔과 배움을 통해 서로의 성장을 북돋는 학교가 되고자 합니다.

미세마을을 방문하거나 체험하고 싶은 분들은 연중 농사 계획표를 참고하셔서 방문 시기를 결정하시면 좋습니다. 미세마을 식구들과 함께 농사일을 하고 밥을 나눕니다. 미세마을 사정에 따라 방문이 불가할 수도 있습니다. 미세마을 카페에 자세한 안내가 나와 있으니 참고해 주세요.

- 주소 (59058) 전남 해남군 현산면 만안길 110-5
- 카페 cafe.daum.net/freemise
- 페이스북 www.facebook.com/mise0219

미세마을 배움터

미세마을에서는 '나의 시골살이 디자인학교'라는 이름으로 3개월의 체험 과정을 운영하고 있습니다. 25~35세 다섯 명 정도의 청년을 모아 농사를 함께 짓고, 집 짓기의 기본을 배우며 해남 지역의 문화도 함께 배웁니다. 무엇보다도 함께 살기를 배웁니다. 4~6월, 9~11월에 열릴 예정이니 이 시기쯤 미세마을 카페나 페이스북에 올라오는 공지를 관심 있게 봐 주시고 주변 분들께 널리 알려 주시길!

'청년'과 '지역'과 '일'을 잇다

전북 완주 **씨앗문화예술협동조합**

토리(김주영) cart3355@gmail.com

전북 완주에 살고 있다.
귀촌한 지 얼마 되지 않아 아직 어리바리하다.
그래도 주변에 맛있는 것도 많고
재주꾼도 많아서 행복하다.

다 같이 모여서 로컬 푸드로 요리를 만들어 보았다.
이날의 메뉴는 샐러드 파스타.

어쩌다 보니, 완주

나는 어린 시절부터 이사를 많이 다녔다. 서울에서 부산으로, 다시 부산에서 서울로. 라오스와 뉴질랜드에서도 잠깐 살아 본 적이 있다. 지금까지 거주지를 옮겼던 적이 한 이삼십 번 정도 되지 않을까 싶다. 이삿짐을 싸는 것이 좀 귀찮기는 하지만, 거주지를 옮기는 것이 두렵거나 불편하지는 않았다. 오히려 한곳에 정착하는 것에 대한 안정감보다 낯선 곳으로 이주할 때의 설렘을 훨씬 선호했다. 적어도 여기 오기 전까지는 그랬다.

전북 완주군. 전주를 계란 노른자처럼 둘러싸고 있는, 로컬 푸드와 커뮤니티비즈니스로 유명한, 전북에서 가장 넓은 면적을 가진 완주. 지난 2014년 2월부터 내가 살고 있는 곳이다. 서울, 부산 등 대도시에서만 살던 나는, 한 번도 와 본 적이 없던 여기 완주와 우연한 기회에 인연을 맺게 되었다. 새로운 곳에 사는 것에 별다른 거부감이나 두려움이 없는 편이기는 하지만, 익숙한 도시를 떠나 아무런 연고도 없는 농촌에 가서 살겠다는 결심을 하는 데 망설임이 없었던 것은 아니다. (사실 내가 살고 있는 마을은 아파트도 있고 롯○리아도 있는 읍내라서 '시골'이라고 부르기엔 살짝 민망하긴 하다.)

내가 처음 완주에 대해 알게 된 것은, 몇 년 전 사회적 기업과 협동조합을 지원하는 중간지원기관인 함께일하는재단에서 일을 하던 때였다. 당시 커뮤니티비즈니스센터, 로컬 푸드 매장 등 완주에서 진행되고 있는 이런저런 사회적 경제 관련 활동 사례들에 대해서 알게 되었고, 제주, 순천, 강릉 등과 함께 완주도 귀촌 후보 지역 리스트에 올려놓았다. 물론 당시에는 당장 귀촌을 할 계획이 있었던 것은 아니고 '먼 미래 언젠가' 정도의 막연한 생각만 가지고 있었다.

몇 년 전부터 서울에서 사는 것이 점점 힘들어졌다. 도시에서의 삶이 왜 힘든지에 대해서 굳이 이야기할 필요는 없을 것 같다. 나이는 점점 많아지는데, 공허한 마음과 지쳐 가는 몸은 그 무엇으로도 채워지지 않았다. 앞으로도 채워질 것 같지 않았다. 이렇게 도시에서 늙어 가야 한다는 것이 두려웠다. 자연스럽게 다른 공간에서의 다른 방식의 삶에 대해 고민하게 되었다.

함께일하는재단을 떠나 서울시립청소년미디어센터에서 일을 하고 있을 때였다. 지인으로부터 완주에서 게스트하우스를 운영해 보지 않겠냐는 제안을 받았다. 완주군에서 오래된 일본식 가옥을 리모델링해서 '삼삼오오'라는 이름의 작은 게스트하우스를 만들었는데, 원래 이 게스트하우스를 위탁 운영하기로 했던 분들이 사정이 생겨 운영이 어렵게 되었다는 것이었다. 게스트하우스라니. 지금 생각해 보면 참 뜬금없는 제안이었지만, 오래 고민하지 않았다. 이런 기회가 자주 오는 것은 아니니까. 게다가 완주니까.

2014년 1월 사직서를 내고 퇴직금을 털어 캐나다를 횡단했다. 3주 동안, 대서양에서 태평양까지, 기차를 원 없이 타 봤다. 그리고 귀국하자마자 게스트하우스 근처에 작은 아파트 월세를 구해 바로 이사를 왔다. 그렇게 완주에서의 귀촌 생활이 시작되었다.

수상한 게스트하우스

앞서 이야기한 것처럼, 삼삼오오 게스트하우스는 1920~1930년대에 지어진 일본식 가옥을 리모델링한 건물이다. 일제시대에는 인근 지역의 쌀을 일본으로 수탈하던 동양척식주식회사와 트럭운수회사의 사무실과 숙소 등으로 사용되다가 해방 이후부터 최근까지 민가로 사용되었다. 지난 2013년 완주군에서 이 일대를 문화관광지역으로 개발하겠다는 계획을 가지고 삼례문화예술촌이라는 복합문화공간을 만들게 되었고, 삼삼오오 게스트하우스는 삼례문화예술촌의 숙박 체험관으로 함께 설립된 것이다. 장기적으로는 이 일대가 문화예술을 테마로 하는 관광지로 번창할지도 모르겠지만, 어쨌든 지금은 어디에서나 볼 수 있는 평범한 시골 읍내일 뿐이다.

'삼삼오오'라는 이름은 '삼례역 삼거리에 있는 다섯 명의 사람과 다섯 동의 건물'을 의미한다. 삼삼오오 게스트하우스는 리모델링한 세 동의 건물과 새로 지은 두 동의 건물, 모두 다섯 동으로 이루어져 있다. 실제로 여행객이 숙박을 하는 건물은 한 동이고, 나머지 건물은 숙직실, 사무실, 창고 겸 세탁실, 교육장 등으로 사용되고 있다. 숙박동에는 모두 6개의 방이 있는데, 각 방은 크기에 따라 두 명에서 네 명까지 묵을 수 있다.

이 다섯 동의 건물 가운데에는 감나무와 살구나무 몇 그루가 있는 작

삼삼오오 게스트하우스 마당.
항상 이불 빨래와 고양이를 볼 수 있다.

〈삼례 사는 설레 #1〉
- 친구와의 대화

은 마당이 있다. 지난해 초 블록을 깔기 전까지 마당에는 작은 텃밭도 있어 오이, 깻잎, 가지 등 먹을거리가 항상 풍성했다. 몇 평 되지 않는 작은 텃밭이었지만 여름 내내 다섯 명이 먹고 남을 만큼 넉넉한 수확을 거둘 수 있었고, 가을에는 수박씨를 뱉어 놓은 자리에서 거짓말처럼 수박이 열리기도 했다. 도시에서 갓 내려온 우리들에게는 이 모든 것이 경이롭고 신기하기만 했다. 결국 관리를 제대로 못 해 밀림 같은 잡초가 뒤덮기는 했지만, 잠시나마 그 작은 텃밭을 통해 시골살이의 낭만(?)을 만끽할 수 있었다.

당연한 이야기이지만, 처음 이 게스트하우스를 맡게 되었을 때는 막막함과 설렘과 두려움 등이 뒤섞인 복잡한 마음이었다. 게스트하우스에 묵어 본 적도 여러 번 있고, 게스트하우스에 대한 막연한 로망도 있었지만, 이렇게 갑자기 덜컥 맡게 될 것이라고는 생각조차 못 하고 있었다. 게다가 여긴 유명 관광지도 아니다. 여행객이 머무를 만한 곳이 아니라는 뜻이다. 시골 읍내 한편에 게스트하우스라니!

회색과 갈색 벽면, 검은색 지붕으로 이루어진 게스트하우스의 건물들이 아주 예쁘거나 독특하다고 할 수는 없다. 주차장과 기차역과 공터로 둘러싸인 주변 풍광 역시 아름답다고 할 수 없다. 이 밋밋한 공간을 의미 있고 재미있게 채울 수 있는 것은 결국 사람이고 콘텐츠라고 생각한다. 우리는 삼삼오오 게스트하우스가 단순히 여행객이 잠시 머물렀다 떠나는 공간으로 남기를 바라지 않는다. 오히려 농촌에서의 삶에 대한 비전을 가지고 가능성을 탐색하고자 하는 청년들이 도시에서 막연하게 고민하는 것이 아니라 서로 협력하며 구체적인 실험을 할 수 있는 곳이 되었

삼례 사는 설레 #2

— Headmade life

요즘 많이들 보더라.
수작사계, 대지의 선물,
가구만드는 남자...
TV에서는
쉬운 요리, 시골생활이 이슈야.

대세는 자급자족, DIY,
전원생활이란걸 깨달아.
핸드메이드 라이프랄까...

옷도 만들어 입고,
텃밭도 가꾸고,
가구도 만들어 쓰고...

응? 나?
나는 어떠냐고?

... ...

머리로는 집도 지었지.

설레 한마디
서울살이 바쁘고 갑갑하다 내려온 많은 사람들.
어찌 그리 다들 부지런한가요...

〈삼례 사는 설레 #2〉
— Headmade life

으면 한다. 말 그대로 '비빌 언덕'이자 '아지트'와 같은 그런 곳 말이다.

모이고 모여, 씨앗

우리 협동조합의 이름 '씨앗'은, 말 그대로 완주 지역 문화예술 발전의 씨앗이 되고자 한다는 다소 오글거리는 의미가 있다. 영문 이름인 'C.Art' 역시 'Cooperative Creating Community Culture and Art(지역 문화예술을 창조하는 협동조합)'라는 비슷한 의미를 담고 있다. 이름에 담긴 의미처럼 문화예술을 통해 지역을 새롭게 살리는 데 작지만 의미 있는 시작이 되었으면 좋겠다.

우리가 처음 이 협동조합을 결성하게 된 것은 완주군으로부터 삼삼오오 게스트하우스를 위탁받기 위해서 어떤 '조직(법인)'이 필요했기 때문이기도 하지만, 귀촌한 여러 문화예술인들이 함께 활동할 수 있는 판을 만들어야 한다는 현실적인 요구가 있었기 때문이다. 아무런 연고도 없이 귀촌한 젊은 문화예술인들이 지역에 정착해서 새롭게 활동의 장을 펼쳐 간다는 것은 각자가 개인적으로 풀어 가기에 쉽지 않은 과제이기 때문이다. 물론 조직을 구성한다고 해서 이런 어려움이 바로 해결되는 것은 아니다. 다만 각자의 재능과 적성을 살려 협업을 통해 가능성을 조금 더 높일 수 있을 따름이다.

5명의 조합원과 30여 명의 회원들, 그리고 10여 마리의 고양이로 구성된 우리 협동조합은 '지역 사회와 소통하며 함께 성장하는 대안적 문화예술공동체'라는 거창한(?) 목표를 가지고 있지만, 실제로는 '어떻게 하면 지역에서 지속 가능하게 놀고 먹을 것인가를 고민하는 느슨하고 대책 없는 집단'에 가까울 것 같다. 대부분 협동조합에 대해서, 공동체에 대해서 별다른 경험이 없는 우리들은 이런저런 실험과 실수를 계속 반복하고 있다. '다 같이 여기서 오래도록 재미있게 살아 보자'라는 목표 외에는 서로 다른 배경과 가치관과 재능을 가진 사람들이 함께 놀고 먹고 일을 하면서 서로를 조금씩 알아 가고 있는 과정을 겪고 있다.

지금 여기 완주에 모여 있는 우리들은 정말 각양각색의 다양한 배경을 가지고 있다. 홍대 앞 술집 주인, 바리스타, 인디 밴드 기타리스트, 비서, 인문학교육단체 간사, 출판사 에디터, 인테리어 디자이너, 일러스트레이터, 목공 강사, 시민사회단체 활동가, 컴퓨터 프로그래머, 대기업 사원, 미술치료사, 대학(원)생, 사회복지사, 백수……. 우리 회원들이 귀촌하기 전에 했던 일들이다.

홍대 앞 인디 밴드들의 아지트였던 술집 '이바디'의 주인이자 솜씨 좋은 인테리어 디자이너였던 광열 씨는 우리 회원들 중에서 가장 먼저 귀촌을 한 사람이다. 여기저기 여행을 다니다가 완주 삼례가 마음에 들어 무작정 귀촌을 했다고 한다. 하자센터 목공 교실 강사로도 일했던 경험을 살려 아이들을 위한 목공 체험을 진행하고 있으며, 지역 주민을 대상으로 수채화와 목공을 가르치고 있다. 타로와 별자리 점의 고수이기도 하다.

인디 밴드 기타리스트이자 사운드 엔지니어이자 음향 장비 업체 직원이었던 정균 씨는 인근 군부대와 초등학교, 중학교에서 기타 선생님으로 활동하고 있다. 지역 주민을 위한 기타와 우쿨렐레 강좌도 진행하고 있다. 생계와 창작이 균형을 이루는 문화예술인의 이상적인 귀촌 사례로 꼽을 만하다.

혜정 씨는 요리와 목공에 특별한 재능을 가지고 있다. 어깨너머로 배운 솜씨로 싱크대를 직접 만들 정도이다. 언제나 술과 요리가 준비되어 있는 혜정 씨의 집에는 손님이 끊이지 않는다. 토요문화장터에서 직접 구운 딸기타르트, 바게트 등을 판매해서 최고의 매출을 올리고 있는 재주꾼이다.

한때 컴퓨터 프로그래머였던 한승 씨는 바리스타이자 요리사이자 번역가이다. 귀촌 후 계속 카페 매니저로 일을 하다 최근에는 제빵 기술을 배워 천연 발효 빵을 만들기 시작했다. 직접 농사를 지은 건강한 재료로 요리를 만들고 차를 담가서 판매하는 카페를 운영하는 것이 꿈이라고 한다.

한승 씨의 하우스메이트 희준 씨(백발) 역시 IT 업체에서 일을 했었다. 귀촌 후 한때 양조장에서 일을 하기도 했으나, 지금은 주로 광열 씨와 함께 목수로 일을 하고 있다. 틈틈이 사진을 찍고 있으며, 삼삼오오 게스트하우스의 고장 나고 부서진 것들을 도맡아 고쳐 주고 있다.

농촌 지역 청년 활동가를 지원하는 삼선재단의 인턴십 프로그램 참가자인 소연 씨(설레)는 완주 지역 귀농·귀촌 청년들의 라이프 스타일을 조사하는 작업을 하고 있다. 서울에서 인문학교육단체에서 일을 했던 설레는 그림 그리기를 좋아하는 사회복지사이기도 하다.

설레와 함께 삼선재단의 인턴십 프로그램에 참가하고 있는 혜현 씨(비타민)는 일러스트레이터이자 출판사 에디터 출신이다. 도시 감성(?)이

충만한 비타민은 금방 서울로 돌아갈 것 같다는 주위의 우려가 무색하게 3년째 귀촌 라이프를 만끽하고 있다. 삼례 지역의 귀촌 청년들의 소소한 이야기를 담은 매거진을 제작하고 있다.

대학원에서 문화 기획을 공부하고 있는 선영 씨(키키)는 우리 협동조합의 살림을 책임지고 있다. 씩씩하고 건강한 '멘탈'로 우리들의 실질적인 리더 역할을 하고 있으며 여럿이 함께 운영하는 '커뮤니티 부엌'을 구상하고 있다.

완주커뮤니티비즈니스센터에서 마을 컨설팅과 협동조합 인큐베이팅을 하던 석진 씨는 지역 청소년의 진로직업체험교육을 지원하는 일을 하고 있다. 아내 윤경 씨와 함께 옷과 소품을 직접 바느질해서 만드는 작은 공방을 여는 게 꿈이다.

개인적으로 오랜 인연이 있는 영미 씨는 얼마 전까지 완주커뮤니티비즈니스센터 사무국장으로 일하며 이런저런 사업 연계를 통해서 우리 협동조합이 지역 안에서 자리를 잡는 데 많은 도움을 주었다. 공동육아 모임을 운영하고 있으며 커뮤니티비즈니스 강의로 바쁜 일정을 보내고 있다. 영미 씨의 남편 수영 씨는 우리 협동조합의 진로직업체험교육과 창업 지원 프로그램 등을 담당하고 있다.

호상 씨와 승정 씨는 가장 최근에 귀촌을 한 젊은 부부이다. 대기업 직원이었던 호상 씨와 미술치료사인 승정 씨는 일과 휴식을 병행하면서 도시의 속도를 벗어나 조금씩 시골 생활에 적응하고 있다.

이 외에도 직접 농사지은 채소와 나물로 건강한 도시락을 만드는 수원 샘과 현경 샘, 마당 한가득 텃밭 농사를 지으며 항상 먹을 것을 챙겨 주시는 실비아 님, 자연농으로 각종 채소를 재배하시는 토종 씨앗 전도사 종란 샘, 대안 생리대와 수공예품을 만드는 정은 씨, 아이들을 위해 나무 장난감을 만드는 금월 샘과 영실 샘, 아기자기한 막사발 도자기를 직접 굽는 윤지 씨, 음악이 나오면 어디서나 덩실덩실 춤을 추는 건강하고 맑은 영혼의 다솜 씨, 그리고 지금은 충남 홍성으로 이사를 갔지만 언젠가 꼭 돌아올 거라고 믿고 있는 고운 심성의 바람과 해원 부부까지 다양한 재주와 감성을 가진 여러 사람이 모여 '씨앗'을 이루고 있다.

고양이도 식구라지요

삼삼오오 게스트하우스를 이야기할 때 고양이를 빼놓을 수는 없다. 단순한 마스코트 이상의 의미가 있다. 여기 처음 와서 보니 주변을 배회하는 길고양이들이 몇 마리 있었다. 사람을 경계하기는 하지만 아주 두려워하는 것 같지는 않았다. 사무실 앞까지 찾아와 뻔뻔하게 사료를 요구하기도 하고, 게스트하우스 처마 아래에서 태평스럽게 낮잠을 자고 가기도 했다. 나중에 알게 된 사실인데, 게스트하우스가 민가이던 시절 여기 살던 주민들이 길고양이들에게 먹이를 챙겨 주었다고 한다. 어쩐지 이 녀석들이 너무 당당하더라. 마치 자기네 집인 것처럼.

본격적으로 사료를 챙겨 주기 시작하면서 마당에 머무르는 길고양이 수가 부쩍 늘어났다. 처음에는 여기저기 돌아다니다 밥 먹을 시간에만 슬그머니 나타나더니, 마당에 깔고 남은 블록과 종이 박스로 어설프게나마 집을 만들어 주자 아예 눌러앉은 것이다. 얼마 전까지 파라, 비온,

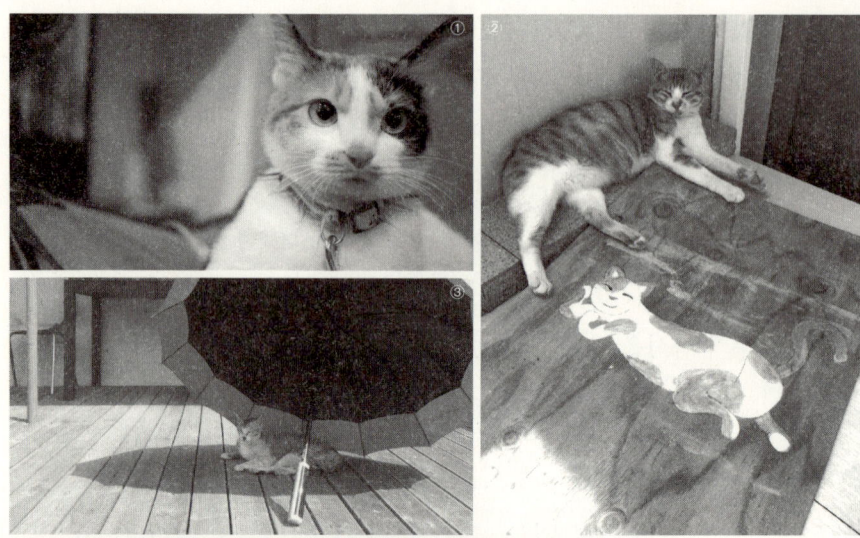

① 교통사고를 당한 길고양이 '오이', 뒷다리를 못 쓰지만 잘 먹고 잘 논다.

② 장난기 많은 청소년 고양이 '비온', 내가 제일 좋아하던 녀석. 얼마 전 고양이별로 돌아갔다.

③ '비온'의 동생 '레오', 한쪽 눈이 없지만 역시 잘 먹고 잘 논다.

④ 식사 시간 풍경. 싸우지 않고 알아서들 잘 나눠 먹는다.

레오, 태일이, 삼식이, 삼돌이, 오순이, 꼬동이, 흰둥이, 오일 등 세 가족 10여 마리가 사이좋게 잘 지내고 있었는데, 갑자기 파라, 비온, 태일이, 꼬동이, 오일이 죽거나 사라지고 지금은 5마리만 남아 있다.

  그리고 우리 게스트하우스에는 실내에서 사는 고양이가 한 마리 있다. 이름은 오이. 사무실에서 살고 있다. 뒷다리 하나를 쓰지 못하는 녀석이다. 몇 달 전 어느 날, 아침에 나와 보니 마당 한구석에 못 보던 고양이 한 마리가 묶여 있었다. 여기저기 떠돌아다니는 아주머니가 데리고 다니던 녀석인데, 더 이상 돌보기 힘들어서인지 우리 마당에 사료 봉지와 함께 맡겨 두고 간 것이다. 금세 목줄을 풀고 도망친 그 녀석은 마당 주위를 맴돌며 조심스럽게 사료를 먹고 가곤 했다. 그러다 며칠 만에 교통사고를 당해 뒷다리를 크게 다친 상태로 나타났다. 골반 골절, 복막 파열 등 부상이 심해서 동네 동물병원에서는 치료를 할 수 없는 상황이라, 전북대학교 동물의료센터로 가서 네 번에 걸친 큰 수술을 받았다. 게다가 교통사고 직전에 임신을 하는 바람에 병원에서 제왕절개로 5마리의 새끼를 낳았다. (안타깝게도 2마리만 살아남았다.) 비록 신경이 끊어진 뒷다리는 회복되지 않았지만, 많은 사람들이 후원과 응원을 해 주고, 병원에서도 정성껏 치료를 해 준 덕분에 건강하게 퇴원할 수 있었다. 이 글을 쓰고 있는 지금 오이는 내 무릎 위에서 졸고 있다. 하루 세끼 꼬박꼬박 사료랑 물이랑 챙겨 주느라 멀리 여행도 못 가고, 더울까 추울까 아플까 항상 노심초사하는 게 힘들 때도 있지만, 여기저기 뒹굴며 느긋하게 쉬고 있는 모습을 보고 있으면 괜히 마음이 차분해진다. 이 공간이 고양이든 사람이든 모두에게 편하고 안전한 공간이라는 안도감이 든다.

토요일엔 꽁냥마켓

우리 게스트하우스의 마스코트가 고양이라면, 삼례문화예술촌의 마스코트는 맹꽁이다. '맹꽁이공방, 고양이식당'(꽁냥마켓)이라는 이름을 지은 이유는, 누구나 친근하게 문화예술체험을 즐길 수 있는 장터를 지향하기 때문이다. 뭔가 막연한 기대가 없었던 것은 아니지만, 다소 가벼운 마음으로 시작한 꽁냥마켓이 어쩌다 보니(?) 우리 협동조합에서 가장 중요한 사업이 되었다. 지난해 3월부터 시작된 꽁냥마켓은 자발적인 역동이 점점 커지면서 지금은 회원들과 주민들이 가장 활발하게 참여하고 교류하는 핵심 프로그램이 된 것이다.

처음 꽁냥마켓을 시작하게 된 데는, 2014년 겨울 삼례 지역 귀촌 문화예술인의 심야 회동(?)이 계기가 되었다. 당시 삼례에는 씨앗문화예술협동조합 외에도 광열 씨를 중심으로 한 또 다른 귀촌 문화예술인 그룹이 있었다. 양쪽 멤버 모두 비슷한 시기에 앞서거니 뒤서거니 귀촌을 하기도 했고, 한 다리 건너면 다들 아는 사이인지라 서로 친하게 어울리고 술도 자주 마시곤 했다.

길고 지루한 농촌의 겨울이 깊어 가던 어느 날, 광열 씨가 평소와 다른 진지한 목소리로 전체 모임을 제안했다. 지역에서 다 함께 할 수 있는 일을 찾아보자는 것이 그날의 의제였다. 그동안 개별적으로 일을 찾는 것이 만만치 않기도 했고, 서로에 대한 신뢰도 어느 정도 쌓이면서 자연스럽게 함께 일을 만들어 가자는 공감대가 생긴 것이었다. 군청이나 도청의 용역 사업을 해 보자는 의견도 있었지만, 우선 각자의 재능을 바탕

삼삼오오 게스트하우스
마당에서 열리는 꽁냥마켓.
아이들로 북적인다.

으로 우리들 스스로 판을 만들어 보자고 의견이 모아졌다. 그렇게 탄생하게 된 것이 꽁냥마켓이다.

대형 천막과 테이블 등 기본적인 비품은 완주군의 지원을 받아 마련할 수 있었다. 삼례문화예술촌을 찾아오는 관광객을 주요 고객으로 삼아 수공예품, 체험 활동, 로컬 푸드 요리 세 가지 분류로 10여 개의 부스를 준비했다. 지역에서 생산된 식재료로 만든 건강한 요리, 직접 손으로 만든 세상에 단 하나뿐인 수공예품, 아이와 부모가 함께 참여할 수 있는 문화예술 체험 활동을 모아 작은 장터를 열게 된 것이다.

처음에는 각자 직접 만든 제품을 전시하고 판매한다는 것이 마냥 신기하고 신나는 일이었다. 그렇지만 평일에는 각자 일을 하다가 토요일마다 모여 장터를 여는 것이 만만한 일은 아니었다. 게다가 장터를 여는 삼례문화예술촌 광장은 큰 건물로 둘러싸여 외부와 격리된 공간이라 지역 주민들과의 소통이 쉽지 않았다. 안정적인 매출이 보장된다고 하더라도 주민을 배제한 채 관광객만을 상대로 장터를 여는 것에 대한 아쉬움이 조금씩 커졌다. 결국 삼례문화예술촌을 벗어나 게스트하우스 마당에서 장터를 열기로 결정했다. 매출은 절반 이하로 줄어들었지만 주민들이 우리의 존재와 활동을 조금씩 알게 되었다. 우리가 원하던 바였다.

나는 우리 꽁냥마켓이 커지거나 유명해지기를 바라지는 않는다. 다만 이 소소한 이벤트가 오랜 세월 동안 마을 아이들과 함께 천천히 성장하길 바라고 있다. 동시에 우리 식구들이 지역 안에서 자립의 기반을 조금씩 다져 갈 수 있는 터전이 된다면 더 바랄 나위가 없을 것 같다.

고향을 떠나온 사람들, 디아스포라

우리 게스트하우스 한편에는 열댓 명이 들어갈 수 있는 작고 오래된 건물이 한 채 있다. 최근까지 사무실로 사용되던 이 건물은 현재 '디아스포라'라는 이름의 문화 공간으로 이용되고 있다. '디아스포라'는 고향을 떠나 이주하여, 자신의 문화를 지키며 사는 사람들이라는 의미를 가지고 있는데, 이 공간에서는 '모여라 땡땡땡'이라는 이름으로 기타 강좌, 로컬 푸드 요리 동아리, 대안(면) 생리대 워크숍, 소이 캔들 만들기 등 각자의 재능을 살린 다양한 배움과 나눔이 이뤄지고 있다.

어쩌면 우리에게는 이런 공간이 필요했는지 모른다. 크고 아름다운 건물이 아니라 작고 아늑한 공간 말이다. 외지인, 이방인으로 살아가면서 느끼는 외로움과 허전함을, 음식을 나누고 재능을 나누고 마음을 나눔으로써 치유하고 성장할 수 있는 그런 공간 말이다. 번듯한 건물이 아니어도 상관없을 것이다. 편하게 둘러앉을 수 있는 공간, 누구의 눈치도 보지 않고 온전히 자신다울 수 있는 공간, 나의 작은 재능이 소중하게 여겨지고 나의 부족함이 부끄럽지 않은 공간. 그런 공간을 만드는 것은 결국 돈이 아니고 사람일 것이다.

비빌 언덕

우리는 지금까지 세 차례에 걸쳐 청년귀촌캠프를 진행했다. 두 번은 완주에서, 또 한 번은 남원에서. 사람책, 네트워크파티, 월드카페 등

▲ '모여라 땡땡땡' 서로서로 재능을 나누는 시간. 소이캔들 만들기.
▼ 꽁냥마켓 워크숍을 마치고 각자 준비해 온 건강한 음식을 나누는 시간.

의 프로그램을 통해 우리는 귀촌을 고민하고 있거나 최근 귀촌을 한 청년들에게 보다 실질적이고 구체적인 고민과 교류의 기회를 제공하고자 했다.

우리가 완주가 아닌 남원에서 한 번의 캠프를 진행하게 된 것은 첫 번째 캠프에 참가한 남원 지역의 청년 모임 '작은자유' 멤버들 덕분이다. 거의 모든 멤버들이 단체로 참가하는 바람에 '완주 대 남원' 청년 교류 모임처럼 되어 버린 첫 번째 캠프에서 우리는 그들의 매력에 푹 빠져 버렸다. 이렇게 밝고 건강한 청년들이 사는 동네는 도대체 어디란 말인가 궁금했다. 그곳이 바로 그 유명한 남원시 산내면이었다.

나는 도시의 속도와 밀도에 지친 청년들이 조금 다른 삶을 살아 보면 좋겠다. 끊임없는 소비로도 채워지지 않던 공허한 마음이 호혜적인 관계와 조건 없는 교류 속에서 채워지는 경험을 보여 주고 싶다. 콘크리트와 소음으로 가득 찬 도시를 떠나 흙과 바람과 침묵 속에서 치유되는 체험을 나누고 싶다. 자신의 작지만 소중한 재능을 지역과 이웃을 위해 가치 있게 나눌 수 있는 기회를 알려 주고 싶다.

도시보다 농촌이 무조건 낫다는 말이 아니다. 모두에게 농촌이 답이 될 수는 없다는 것도 잘 알고 있다. 다만 다른 방식의 삶에 대한 경험과 그 경험을 바탕으로 한 전복적 상상력의 가능성을 함께 만들어 보고 싶다는 것이다. 삼삼오오 게스트하우스가 그 가능성을 찾아가는 여정을 시작하는 '관문Portal'이자 '비빌 언덕'이 되었으면 하는 바람이다.

귀촌을 하겠다는 결심을 했을 때의 두려움과 설렘, 처음 완주에 왔을 때의 막막함과 외로움. 여기 정착하기까지 내가 느꼈던 감정들이다. 그리

세 번째 청년귀촌캠프 모습.
건강하고 맑은 청년들.

고 낯선 이에게 이해를 따지지 않는 선의와 믿음은 그와 동시에 내게 주어졌던 선물들이다. 시골살이를 꿈꾸는 다른 청년들에게도 나와 같은 선물이 주어졌으면 좋겠다.

마을에서 미래를 찾다

완주에 살면서 안타까운 것이 하나 있다. 청(소)년들이 도시로 떠나려고 한다는 것이다. 비단 완주만의 문제는 아닐 것이다. 대부분의 농어촌 지역에서 청년 인구는 지속적으로 감소하고 있는 것으로 알고 있다. 거칠게 표현하자면, 청년들이 떠나니까 노인만 남고, 노인만 남으니까 노인 위주의 문화가 형성되고, 청년은 새로운 문화와 일자리를 찾아 도시로 떠나고…… 이런 악순환이 계속되고 있는 것이다.

완주의 청(소)년들이 마을과 공동체를 기반으로 다양한 일과 문화를 만들어 가는 것을 보고 싶다. 그들이 자신과 지역이 함께 성장할 수 있는 의미 있는 일을 찾아가는 것을 지켜보고 싶다. 어른과 아이가, 노인과 청년이 함께 어울려 살아가는 공동체를 되살리는 것이 우리들의 꿈이다. 지역에서 살고 있는 청(소)년들과 계속 만나고 함께 활동하려는 이유이다.

우리는 청소년을 위한 진로직업체험 프로그램도 운영하고 있다. 바리스타 직업체험을 진행하면서는 커피 원두를 생산하는 노동자에 대해 이야기하고 공정 무역 커피에 대해 이야기한다. 여럿이 함께 컨테이너하우스를 만드는 체험을 통해서는 협동과 공간의 의미에 대해서 고민할 수

2015년 10월에 열린
'귀농·귀촌인과 지역 주민의 교류를 위한 문화장터' 축하 공연.
게스트하우스 마당에서는 종종 이런 공연이 열린다.

있도록 한다. 단순히 기능적인 것을 배우는 것이 아니라 일의 의미와 가치에 대해 생각하도록 하는 것이다. 일에 대한 올바른 가치관이 생긴다면 어떤 일을 선택하더라도 그 안에서 충분히 의미를 찾고 행복할 수 있을 것이라고 믿기 때문이다.

어쩌면 정착, 아님 말고

완주에 온 지 이제 겨우 2년 남짓이 되었을 뿐이다. 정착이라는 말을 꺼내기엔 좀 이른 감이 있다. 사실 나는 아직 여기 완주에 정착하겠다는 확신이 없다. 언젠가 꼭 떠나겠다는 의미가 아니다. 완주가 마음에 들고 여기 사람들도 너무 좋지만, 내 삶이 어떻게 흘러갈지 나도 알 수 없다는 것이다. 다만 여기에서 맺어진 소중한 인연들과 이 힘겹고도 즐거운 시간들을 결코 후회하지 않을 것이라는 확신이 든다. 사람들 속에서 매일 반성하고 성장하며 살아가는 지금 이 시간. 충분히 행복하다.

글 처음에 나는 귀촌하기 전에 한 번도 완주에 와 본 적이 없다고 했다. 그렇게 믿고 있었다. 두어 달 전 대학 선배와 이야기를 하던 중에 내가 완주에 귀촌했다고 하자 선배가 "너 거기 농활 갔던 곳이잖아"라는 말을 하기 전까지는. 완주와의 인연은 이미 20년 전에 시작됐던 것이다.

씨앗문화예술협동조합을 소개합니다

전북 완주군 삼례읍 소재 삼삼오오 게스트하우스를 중심으로 활동하고 있습니다. 지역 사회와 소통하며 성장하는 대안적 문화예술공동체이며, '일'과 '지역'과 '청년'을 연결하는 허브를 지향하고 있습니다.

- 주소   (55343) 전북 완주군 삼례읍 삼례역로 81-1
- 블로그 blog.naver.com/cart3355
- 이메일 cart3355@gmail.com
- 전화   070-7789-3355

비빌 언덕

우리가 처음 완주에 왔을 때의 막막함과 외로움을 기억하고 있습니다. 그리고 그때 우리를 도와주었던 이웃들에 대한 고마움 역시 기억하고 있습니다. 우리가 누군가에게 도움을 받았듯이, 우리 역시 완주에 새롭게 정착하려고 하는 청년들에게 '비빌 언덕' 또는 '완충지대'의 역할을 하려고 합니다. 청년귀촌캠프, 인턴십 프로그램, 정착 지원 정보, 단기 체류 숙소 등을 통해 더 많은 청년들이 지역에 정착하고 새로운 삶을 시작하는 데 작은 도움이라도 되고자 합니다. (2016년 2월 《한겨레21》에서 삼삼오오 게스트하우스를 지역 청년들의 거점 공간인 '청춘스테이션 1호역'으로 지정했습니다.)

커뮤니티 문화 공간 '모여라 땡땡땡'

문화 공간이자 식당이자 카페인 '모여라 땡땡땡'이 2016년 3월 오픈했습니다. 귀농·귀촌인과 지역 주민들이 함께 기획하고 운영하는 이 공간을 통해서 소통과 교류를 위한 다양한 프로그램을 실험해 보려고 합니다.

꽁냥마켓

3월부터 11월까지 매주 토요일 오후 삼삼오오 게스트하우스 마당에서는 완주로 귀촌한 청년들과 지역 주민들이 함께 모여 토요문화장터 '맹꽁이공방, 고양이식당'을 열고 있습니다. '꽁냥마켓'이라고 부르는 이 장터에서는 씨앗문화예술협동조합 회원들이 다 같이 모여 로컬 푸드로 만든 요리, 텃밭에서 직접 기른 채소, 정성 들여 만든 수공예품 등을 판매하거나 아이들을 위한 다양한 체험 프로그램과 벼룩시장을 운영하고 있습니다. 우리는 이 장터를 통해서 많은 수익을 내기보다는 건강한 먹을거리와 소소한 재능을 매개로 지역 사회 안에서 더 많은 교류와 나눔이 생겨나기를 바라고 있습니다. 매달 한 번씩 참여하는 객원 셀러를 모집하고 있으니 참가를 원하는 분은 언제든지 연락해 주세요.

오지의 메리트?
없는 게 메리트!

경북 청송 **창조지역사업단**

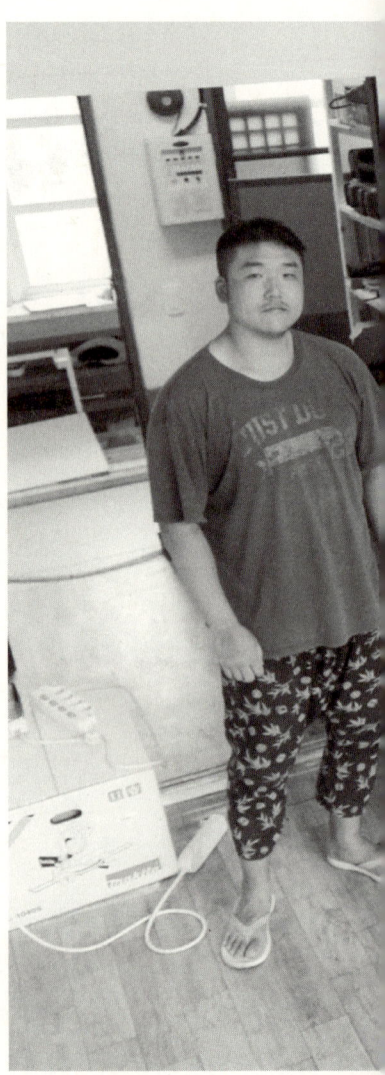

두루(전제언) jjeilgood@gmail.com

2016년. 난 서른두 살이 되었고,
촌에서 본격적으로 '노처녀' 소리를 듣게 되었다.
2011년, 대학교 졸업 이후
지방 이곳저곳을 다니며 일하고 있다.
2012년부터는 또래 친구들과
국산 농산물 유통을 바탕으로
농촌 문화/지역 개발 사업에 참여하고 있다.

2014년 8월, 청년 지방 정착 실험 공간 만들기의 취지로 진행된 '썸집 캠프'.
현재 사무실로 쓰고 있는 청송의 폐교 공간을 귀농·귀촌에 관심 있는 청년들과 함께 리모델링했다.

시작 : 개인적인 이야기

BYC. 경북의 대표적인 3대 오지인 봉화, 영양, 청송을 일컫는 말이다. 서른두 살이 된 지금, 이곳 청송에 있다. 20대 중반까지는 주로 인천과 서울에서 거주하면서 학창 시절을 보냈다. 사실 전주로 이주하기 전까지의 삶은 농촌과 동떨어져 있었다. 그래도 어릴 적, 몇 년에 한 번씩 외할머니 댁에 방문했을 때의 강렬한 기억이 몇 가지 남아 있다. 스물여섯, 대학을 졸업하고는 책상과 개념 밖 세상으로 나가고 싶었다. 내 몸을 움직여 세상을 느끼고, 사회에서 쓸모를 만들기를 희망했다. 좀 더 생동감 넘치는 현장과 가까워지고 싶다는 바람으로 구도심 활성화 농촌 개발 사업을 하는 회사가 있는 전주로 이사를 갔다. 농촌에 대한 감질 나는 경험과 적당한 로망, 넘치는 모험심으로 지역살이는 시작됐다. 이후 전남 곡성을 거쳐 2014년부터 경북 청송에서 살고 있다. 이렇게 오래 고향을 떠나 살리란 다짐은 없었다. 그저 흘러 흘러 지금까지 오게 된 것 같다.

농촌을 살린다고? 어떻게?

창조지역사업은 일종의 농촌 재생 프로젝트이다. 2011년, 지역발전위원회와 안전행정부 등이 주관해 시작된 사업인데 현재 전국의 스무 개 이상 시·군에서 창조지역사업을 진행하고 있다. 청송창조지역사업은 2014년, 청송군청, 청송시니어클럽, 생생농업유통 세 단체가 참여해 시작되었다. 이름만 들으면 굉장히 관료적이거나 정책적인 수혜를 받고 있는 것 같지만 별로 그렇진 않다. 무엇보다 우리 사업단은 이름보다 재밌는 활동을 많이 하고 있다. 다른 시·군은 주로 관 주도로 자전거도로 개설, 생태공원 조성 등의 하드웨어 사업에 집중하고 있다면 청송의 경우에는 민-관 협력체를 구성하여 지역 자원을 이용한 다양한 실험을 하고 있다.

먼저, 청송시니어클럽은 어르신들의 농촌형 일자리를 만드는 복지단체이다. 청송의 어르신들이 건강하고 자립적인 삶을 사실 수 있도록 지원하는 일자리 창출 기관이라고 할 수 있다. 다음으로, 생생농업유통은 농산물 생산-유통 조직으로 이를 위한 도시와 농촌의 교류를 주선하는 활동을 이어 오고 있다. 지난해부터는 시니어클럽과 힘을 합쳐 청송의 대체 농산물을 개발하여 유통하는 데 힘을 쏟고 있다. 마지막으로, 청송군청은 재정의 일부를 지원하며 적당한 무관심으로 이 프로젝트가 원활하게 돌아갈 수 있도록 지원하고 있다.

이 중 내가 소속된 생생농업유통에는 네 명의 청년들이 함께하고 있다. 김가영 대표는 학창 시절에 성적 등의 문제로 약간의 좌절을 경험하고 농촌 생활에 깊이 매료되었다고 한다. 땅에 씨앗을 뿌린 만큼 결과물이 나오는 것이 신비했고, 함께 놀고 먹고 어울리던 시골 할머니들이 농사지은 생산물을 판매할 곳이 마땅치 않은 데 대한 고민이 그를

'농산물 유통'에 발을 들여놓게 했다. 스무 살 초반, 지리산이 있는 남원에서 상추 농사를 짓고 그것을 서울의 고깃집 등에 '정가제'로 납품하며 농업 인생을 시작했다.

현동환은 충남 예산이 고향인데 농사짓는 부모님을 따라 중학교 때부터 트랙터를 몰고 동생과 깻잎을 따 용돈벌이를 해 왔다. 부모님이 힘들게 지은 농산물이 제값을 못 받는 현실에 분노해서 공대를 휴학한 후 농산물 판매 관련 일에 뛰어들었다.

나는 김가영과는 대학 동기로 서로 '농촌'이라는 접점을 가지고 있었다. 2012년, 다니던 대학에서 우연히 김가영의 강의를 들은 현동환이 '신체 포기 각서'를 들고 찾아오면서 우리 셋은 갑작스럽게 함께 생활하며 '찐한' 노동을 하게 되었다. 김가영의 주도로 전북 완주에서 농산물 유통 사업을 시작하여, 전북 고창, 전남 곡성, 경북 예천을 거쳐 현재 청송에 이르게 되었다. 이 과정에서 유라가 합류했다. 유라는 생업을 위해 도시에서 다양한 직업을 경험했지만 소모되기만 할 뿐 삶이 나아지지는 않는다는 것을 깨닫고 귀농을 결심한 친구다. 하지만 연고도 없이, 자본이 없이, 그것도 혼자 촌에 들어오겠다는 젊은 여자를 선뜻 받아 주는 곳은 없었다. 그렇게 얼마간의 시도와 좌절 이후 (사)씨즈의 소개로 김가영과 인연이 되어 청송에 정착하게 되었다. 지금은 김가영과 현동환을 필두로 서울에 판매팀이 꾸려졌고, 나는 유라와 함께 청송에서 생산 가공과 지역 개발 사업을 담당하고 있다.

산나물을 주목하라!

　우리가 처음부터 집중한 사업 방향은 바로 풍부한 청송의 산림자원을 활용하는 것이었다. 그중에서도 지천에 널린 산나물 관련한 콘텐츠를 개발하는 일에 주목했다. 청송은 전체 면적의 82%가 산림이다. 산나물에 대한 콘텐츠를 개발한다면 이보다 더 적당한 곳은 없을 것이다.

　먼저, 산나물, 더 넓게는 풀에 대해 공부를 시작했다. 이름만 들어도 어떤 모양새로 자라는지 알 것 같은 풀 '엉겅퀴'는 꽃이 피기 전에 먹는 게 좋다. 삶아서 된장국을 끓여 먹으면 맛이 일품이라고 한다. 생활한복 브랜드로만 알고 있던 '질경이'는 여성들에게 좋다. 지혈 작용도 뛰어나 올리브오일과 함께 연고를 만들면 유용하다. 비름나물은 참 맛있다 하여 '참비름'이라고 할 정도로 예로부터 즐겨 먹었던 잡초라고 한다. 산채 해설사 교육 때 변현단 선생님을 초대해 강의를 들었다. 변 선생님은 작물이냐 잡초냐 하는 가름은 인간의 의도에 따라 나눈 것일 뿐, 모든 풀은 저마다의 효능과 쓸모가 있다고 강조하셨다.

　산나물에 대한 경험과 지식을 전수받기 위해 할매 할배들과 함께 산나물을 따러 산에 가기도 했다. 서울의 몇몇 식당의 셰프들도 청송으로 초대해 동행했다. 젊은 우리들은 산나물 채취는커녕 어르신들을 쫓아가기에도 벅찼다. 우리는 그 풀이 그 풀 같아 당최 구분도 안 되는데 어느새 어르신들의 자루는 꽉 차 있었다. 이 풀들 사이에서 '다름'을 구분하려면 도대체 얼마나 걸리는 걸까. 채취해 온 산나물을 한편에 두고 준비해 온 휴대용 가스버너에 냄비를 올렸다. 나물을 따러 가자 하니 어르신

▲ 2015년 가을에 진행한 '산들산들 풀캠프'. 풀에서 추출한 물감으로 캠프의 현수막을 만들었다.

▼ 산들산들 풀캠프에서는 산과 들 등 주변에 널린 풀(잡초)에 대해서 알고 이것의 쓰임에 대해 공부했다. 엄마 손을 잡고 참여한 여덟 살 도원이는 들에 핀 풀로 화관을 만들어 썼다.

들은 돼지고기와 소주부터 주문하셨다. 빨간 양념장과 돼지고기를 함께 넣고 끓이다 나물을 한 움큼 넣으면 금세 숨이 죽어 맛깔스러운 샤브샤브가 된다. 전문 셰프들도 이렇게 맛있는 요리는 처음이라고 놀라워하니 기분이 좋아서 한 잔, 맛있어서 한 잔, 술잔 넘어가는 속도가 빨라진다.

산나물을 활용한 요리와 체험 프로그램도 개발했다. 인천 부평시장 로터리 지하상가에 창업한 '청년드림가게' 개업식에서 선보인 산나물 주먹밥은 인기 대폭발이었다. 산나물과 밥, 간장과 들기름을 섞어 만들었는데 고소하고 삼삼한 맛이 일품이어서 행사가 끝나기도 전에 동이 나서 샘플로 가져간 나물까지 안 팔고 올 수가 없었다. 청송을 방문한 여행객들과는 산나물 만두를 만들어 먹는 프로그램도 진행했다. 만두란 모름지기 여럿이 모여 앉아 '수다꽃'을 피우면서 만드는 것이 묘미 아닌가. 낯선 곳에서, 낯선 사람들이 만났지만 그런 서먹함은 만두를 만들면서 금세 해소되었다. 어르신들이 만든 장아찌에 계란과 산나물만 얹어 김밥을 만들기도 했다. 산나물을 활용한 요리는 대부분 간단한 레시피였지만 산나물을 친숙하게 만들면서 직접 요리하는 즐거움까지 안겨 주었다.

산나물을 활용해 다양한 캐릭터 상품을 만드는 시도도 했다. 퇴사를 고민하던 친구 한 명이 청송에 며칠 머물렀는데 선물로 그림을 그려 주겠다 했다. 한창 산나물에 꽂혀 있었던 때라 산나물 그림을 그려 달라고 했다. 쑥, 고구마순, 시래기와 같이 친숙한 나물부터 나물취, 곰취, 뽕잎, 다래순, 두릅, 곤드레 등 들어는 봤으나 생김새는 낯선 풀들까지 수채화

이미지로 다시 태어났다. 이 그림들은 산나물 밥집에서 전시되기도 하고 엽서, 달력, 포스트잇, 노트, 머그컵 등으로도 제작되었다. 생소한 산나물이 많은 사람들에게 친숙하게 다가가는 효과적인 기회가 되었다.

소녀방앗간과 새로운 도전

청송창조지역사업은 지역 개발의 방법으로서 '특화 작물'을 실험하고 양성하는 전략을 택하고 있다. 2014년에는 음식/체험 개발/파생 콘텐츠 생산 등 '산나물에 대한 다양한 접근'을 시도했다면, 지난해의 주요 과제는 '재배를 통한 산나물의 지속적 생산과 판매'였다. 그래서 시도한 것이 나물을 직접 재배해서 유통하는 것이었다. 청송에 판로가 없어 걱정하는 산나물 농가와도 적극적인 협업이 이루어졌다.

산나물에 주목한 이유는, 지역의 특색을 반영한, 소득이 되는 다른 작물을 찾아보자는 이유도 있었다. 각종 지원 제도가 쏠리는 한두 가지 특산품이 그 지역 모든 농민들에게 적합한 종목은 아니기 때문이다. 청송의 경우는 사과와 고추가 그랬다. 환금성이 좋지만 약을 많이 쳐야 하는 고추, 지역적 특성으로 맛있고 비싸게 팔리지만 투자금이 많이 드는 사과. 반면, 어르신들에게 오랜 세월 친숙한 나물을 재배해 보면 어떨까. 산지가 많은 청송에서 재배 가능한 나물은 어떤 것들이 있을까? 다른 작물과 달리 봄철에 주로 수확을 하는 나물은 일 년을 어떻게 나야 할까? 고민이 시작됐다.

2015년, 무작정 시도해 보기로 했다. 어르신들이 산나물을 키운 경험

ⓒ 청송창조지역사업단

산나물들을 수채화로 그려서 엽서, 달력,
포스트잇, 머그컵 등 다양한 캐릭터 상품을 만들었다.
왼쪽 위부터 시계 방향으로
머위, 다래순, 두릅, 고사리.

은 없었지만, 주위에 온통 논과 밭이고, 누구든 작은 땅 한 뙈기 이상은 무얼 키우고 있는 게 농촌이다. 일단 하면서 배우기로 했다.

먼저 산나물의 씨앗이나 종근을 구했다. 그리고 수십 년간 산나물을 키워 온 농부님을 청송으로 초대했다. 산나물에 대한 이론적인 이야기부터 파종과 관리 방법까지 다양한 내용을 전수받았다. 지난해 봄 눈개승마, 부지깽이, 취, 곤드레, 어수리 등 여러 나물을 심었다. 이내 땅이 녹고 볕도 따뜻해지면서 냉이, 쑥, 돌나물이 돋아나기 시작했다. 잡초가 돋아나듯 땅속에 묻혀 있던 나물의 뿌리에서도 순이 올라왔다. 하루가 다르게 순이 올라오는 것을 구경하느라 기뻤던 것도 잠시, 만물을 녹일 듯 따사로운 봄볕은 오랜 가뭄에는 무시무시한 재앙과도 같았다. 수년 전부터 우리나라는 이른 봄의 가뭄이 심각해졌는데 초봄부터 초여름 전까지의 짧은 기간 동안 나는 산나물을 수확하기 위해서는 관수 시설 혹은 밭 선택이 중요하다. 비는 오지 않았고, 임차한 밭의 농부들은 관수 시설은 꿈도 못 꾸고 발만 동동 구를 뿐이었다. 심각한 가뭄이 해소될 기미를 보이지 않자 경운기에 물통을 싣고 물을 주기에 이르렀다. 하지만, 길고 긴 가뭄을 해결하기에는 역부족이었다. 어설프게 목을 축이는 것이 더 목마르다고 어르신들은 고개를 가로저었다. 대부분의 밭에서는 기대만큼 수확할 수 없었다. 결국 열악한 땅과 환경에 적응한 몇몇의 강한 종자만 살아남았다. 여름이 지나 나물들은 들국화같이 생긴 하얀 꽃, 천일홍같이 생긴 보라색 꽃을 피워 내며 생존했음을 자축했다. 곤드레와 부지깽이, 취 같은 것들은 대견하게도 늦가을 씨앗까지 맺었다. 씨가 달린 줄기를 베어 한편에 잘 말려 두었다. 올해 일용할 밑천이 될 것이다.

농산물을 매개로 청송의 삶과 도시의 삶을
소통하는 한식 밥집 소녀방앗간.

산나물이 지역의 특산물로 자리매김하기 위해서는, 그 지역에서 좋은 품질로 많이 생산되는 것만으로는 부족하다. 가능한 한 많은 사람들이 청송의 산나물을 맛보고, 찾아야 한다. 접점을 만들기 위해 생생농업유통은 서울에 청정 재료를 사용한 한식 밥집을 열었다. 2014년 11월, 서울 성수동에 첫 식당, 소녀방앗간을 오픈했다. 청송의 할머니들과 산나물을 따러 산에 올랐던 하루의 이야기를 그림과 이미지, 짤막한 글로 전시했다. 소녀방앗간에 방문하는 사람들은 누구나 맨 처음 이런 글귀를 마주하게 된다.

우리는
1년에 단 한 번만
산나물을 뜯을 수 있습니다.

여기, 이 나물들은 경상북도 청송에서 왔습니다.

할머니들은 수많은 풀들 사이에서
먹을 것들만 똑똑 끊어서
삶고, 말리고, 데쳐 나물 찬을 내지요.
수십 해의 봄마다
보들보들 피어난 산나물들을 뜯어
삶을 지탱해 왔습니다.

싱싱한 생-나물은 향긋한 봄의 향기를
그대로 느끼게 합니다.

태양의 에너지를 흡수해 건조된
묵-나물은 두고두고 실속 있는
먹거리입니다.

나물은 시간 속에서
더욱 향이 진해집니다.
삶의 노하우를 몸에 아로새긴
할머니들처럼요.

소녀방앗간은 성수동을 첫 매장으로 현재 건대 입구의 커먼그라운드, 서울스퀘어, 신도림역 디큐브시티, 종로에 매장을 운영하고 있다. 산나물밥, 재래식 된장과 간장으로 맛을 낸 시골 된장찌개, 간장 코다리 조림이 대표 메뉴이다. 식당에는 산나물을 뜯는 어르신들의 정서를 고스란히 담기 위해 글과 그림, 사진을 전시했다. 테이블마다 있는 작은 메뉴판에는 메뉴를 구성하는 식재료들이 어느 마을의 어느 어르신으로부터 왔는지가 빼곡하게 적혀 있다. 지금과는 다른 스타일의 옛날식 이름들을 보면 그 어른들이 살고 있을 마을이 상상된다. 청정 지역의 한식 재료들로 차린 밥상은 정갈하면서 소박하다. 산나물밥이 6,000원인데 요즘 도시에서 그 가격에 제대로 된 밥을 먹을 수 있는 곳은 없다. 편의점 도시락으로 끼

니를 연명하는 도시의 젊은이들이 나중에 어떻게 건강한 음식에 대한 미각을 키울 수 있을까. 돈 많은 사람들에게 건강한 먹거리를 비싸게 파는 것만으로는 부족하다. 경제적인 부담 없이 건강한 먹거리를 먹을 수 있어야 많은 사람들로 하여금 국내산 식재료를 선택하게 할 수 있다.

한밤의 락 페스티벌

청송창조지역사업단은 도시와 농촌 간의 필요와 잉여를 찾아 메우기 위한 시도도 하고 있는데 여행 프로그램도 그중 하나이다. 청송으로 떠나는 여행을 여러 번 주선했는데 그때마다 공통적으로 고려한 원칙이 있다. 도시민이 지역을 소비하고만 가는 방식이 아니라 청송을 방문한 사람들도 이곳에 기여할 수 있도록 유도하자는 것이다. 상호 기여가 가장 잘 이루어진 것은 대학생들의 농활이었다. 삼육대를 비롯해 이화여대 사회학과, 연세대 영화 제작 동아리 '몽상가들'이 2014년 이후 청송을 수차례 방문했다. 학생들은 농사를 돕고 벽화나 어르신들의 초상화를 그렸다. 어르신들과 동네 축제도 기획하고 지역의 중·고등학생과 영화 만들기 워크숍도 진행했다. 대학생들은 청송에서 일주일가량 머물며 '잉여'라는 도시 청년의 자괴감에서 조금은 벗어나 자신의 '쓸모'를 확인했다고 이야기했다.

청송에서 향유할 수 있는 문화는 극히 제한적이다. 영화나 공연 한 번 보기도 어렵다. 간간이 군이나 지자체에서 주도하는 축제와 영화 상영회가 있지만 그때 외에는 1시간 이상을 다른 도시로 나가야 접할 수 있다.

일본 게이호쿠에서 온 손님들.
양국의 오지살이 사례 공유회에 참여한 참가자들과
산나물밥을 함께 만들었다.

▲ 2014년 여름에 대학생들과 함께 청송 공정 여행을 진행했다. 지역의 어르신들과 관계 맺기, 농사 일손 돕기, 마을 경관 개선 등의 활동을 하였다. 대학생 참가자들과 어르신들이 함께 600년 된 마을의 당산나무 앞에서 사진을 찍었다.

▼ 대학생들과 함께한 벽화 작업으로 청송의 특산물인 '사과'를 현대적으로 해석해 그림을 그렸다.

반면에 읍내에서 많이 보이는 것은 '○○ 다방'이다. 도시에서 흔히 보이는 카페의 기능에 성적 서비스까지 더해진 업소이다. 어디에나 성을 사고파는 업종은 존재하지만 유독 청송에 다방이 많은 이유가 궁금했다. 한동안을 이 지역에 머무르며 조심스레 내린 결론은, 경제적 수준에 비해 문화 시설이 부족해서가 아닐까 싶다. 남녀노소 즐길 수 있는 건전한 여흥의 장이 필요하다는 생각이 커졌다. 거기에 더해 순수하게 지역 주민으로서 '우리 동네에 있었으면 하는 것들'에 대한 바람이 크게 작용하여 축제를 기획했다. 별이 총총 빛나는 밤, 사무실 겸 어르신들의 작업장인 구 부곡초등학교에서 어쿠스틱 음악회를 열었다. 전국에서 수많은 대형 락 페스티벌이 열리는 시기, 멀리 나갈 것 없이 지역에서 자체 락 페스티발을 연 것이다. 북유럽 감성 밴드 피터아저씨, 가을밤 정취와 너무나 잘 어울렸던 싱어 송 라이터 시와, 유쾌하게 세상을 노래하는 에코밴드 요술당나귀를 초대했다. 서울에서 활동하는 피터아저씨는 이번 축제 참여를 페이스북에 알렸는데, 청송의 한 중학생이 팬이라며 댓글을 달았다고 한다. 서울 북아현동을 거점으로 커뮤니티 활동을 하는 정도의 밴드였는데 300km나 떨어진 청송에서 중학생 팬을 만날 줄은 상상도 못 했던 것이다. 반대로 여중생의 입장에서도 유튜브에서나 감상하던 인디 뮤지션을 고향에서 보게 되어 대단히 흥분한 것 같았다.

  2부 행사로는 DJ 클럽 파티를 준비했다. 도시의 핫한 클럽을 동경하는 청년, 고향으로 돌아와 나이트에서 불살랐던 젊음을 추억으로만 간직한 중장년 등 그저 눈치 안 보고 신나게 어울려 춤추고픈 이들을 위한 자리였다. 그날 파티에는 귀농을 생각하는 히피 청년, 청송 출신 서른한

살 소띠들의 모임, 초등학생 자녀와 어머니 등 다양한 구성의 사람들이 놀러 왔다. 구미에서 남자 셋이 놀러 와 음악회를 즐기기도 하였다. 외딴 곳에 위치한 탓에 그날 부곡초등학교는 체면 신경 쓸 것 없이 밤늦도록 신나게 놀 수 있는 해방구가 되었다.

폐교, 해방구이자 보금자리가 되다

락 페스티벌이 열린 부곡초등학교는 이제는 폐교가 된 곳인데 청송에 온 2014년부터 지금까지 우리의 보금자리였다. 그곳을 둘러싸고 나물 밭이 위치해 있어 어르신들의 작업장이 되기도 하고, 축제와 낭만의 공간이기도 했다. 시골의 줄어드는 인구는 그만큼의 빈 공간을 낳는다. 폐가부터 옛날의 크고 작은 공공기관까지. 개인 집의 경우 빈 채로 방치되는 경우가 많은데 외지인들에게 허락되기란 여러 가지 장애가 있다. 집주인 입장에서는 딱히 큰돈이 되지 않을 바에야 부모님 재산을 처분했다는 안 좋은 평판을 들을 이유가 없다. 마을 입장에서는 일가친척인 '가족'이 모여 사는 동네에 낯선 사람을 들이기란 쉽지 않다. 그야말로 '누군 줄 알고 집에 들이는가'의 상황쯤으로 인식이 되기 때문이다. 하지만 우리도 그랬듯, 지역살이를 꿈꾸는 젊은이들에게는 어느 정도 몸 풀기를 할 수 있는 공간이 필요하다. 지역이 어떤 곳인지, 그곳에서 자기가 할 수 있는 일은 무엇인지, 꿈에 그리던 시골 생활과 현실과의 간극은 없는지 살펴보고 경험해야 농촌으로 순탄한 착륙을 할 수 있다.

창조지역사업단에서는 도시 청년의 주거 문제를 고민하며, 이곳의 유

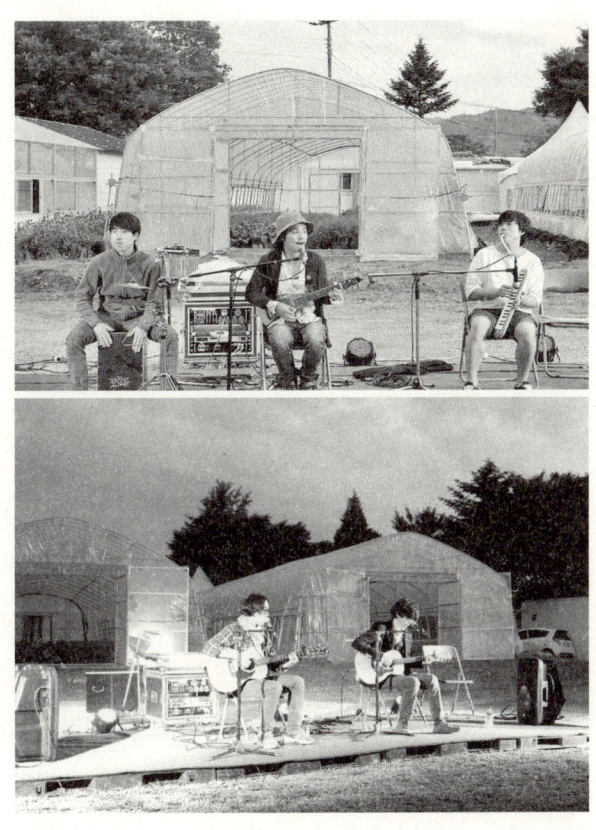

청송의 폐교에서 벌인 오지 락 페스티벌 '별이 빛나는 밤의 축제'.
▲ 자칭 에코 밴드 요술당나귀.
▼ 북유럽 감성 밴드 피터아저씨.

휴 공간을 활용한 농촌형 삶의 방식을 제안한다. 도시에서의 삶이 많은 청년을 잉여로 만드는 게 현실이라면, 농촌에서 누군가에게 도움이 되는 삶, 착취의 굴레에서 벗어나 주도적으로 기획하는 삶을 살아 보자는 취지이다. 폐교의 공간을 매개로 도시 청년들의 지방 거점을 만들어 보는 프로젝트인 '썸집 캠프'는 그런 의도로 시작되었다. 2014년 여름에는 작은 교실을 청년들의 지방 정착 실험 공간으로 리모델링했다. 가까운 미래, 혹은 나중에 언젠가 지역살이를 꿈꾸는 청년들과 함께 작업하고자 전국에서 청년들을 모집했다. 열다섯 명 정도의 참여자가 모여들었고 목공 워크숍 겸 공사를 진행했다. 최대한 가구를 재활용하여 선반, 다락방, 원두막 등을 제작하였다. 폐교 주위에 버려져 있던 옛날 의자를 활용해서는 부엌의 선반을 만들었다. 활용이 크지 않은 커다란 붙박이장은 다락방으로 변신했고, 문짝은 떼어서 앉은뱅이 테이블을 만들었다. 어떤 참가자들은 10년 안에 제주도로 이사해 게스트하우스를 만들겠다는 포부를 밝히고, 어떤 참가자는 지방에서 청년들이 자립할 수 있는 공동체를 만들겠노라 다짐하기도 했다. 이곳에서 백만 번의 망치질을 하다 멍하니 하늘을 바라보며 '지금 도시에서의 삶이 행복한가' 돌아보게 되었다는 참가자도 있었다. 제2의 진로를 고민하는 시기, 낯선 오지 청송의 환경은 새로운 미래를 구상하기에 최적의 공간일지 모른다. 겨울에는 난방을 효율적으로 하기 위한 적정기술 캠프를 진행했다. 적은 연료로 오랜 시간 타오르는 난로와 작은 스토브와 화덕을 만들었는데 귀농·귀촌을 꿈꾸는 젊은이와 농가에서 활용하려는 주민들이 어울릴 수 있었다.

아무것도 없다는 오지에 있는 것들

시골엔 많은 것들이 있기도, 없기도 하다. 게다가 청송은 고령화율이 전국 평균의 세 배를 웃도는 곳이다. 한번 자신이 사는 동네의 인구수를 찾아보시라. 그곳이 어디이든 청송은 그보다 적은 인구를 자랑하고 있을 것이다. 그분들 대다수가 어르신들이니 역동적인 사회도, 개혁적인 사회도 아니다. 다만 오래된 무언가가 많다. 위키피디아에서 검색되지 않는 지식, 유튜브에서 확인할 수 없는 삶의 실체, 이를테면, 한반도에서 천 년 넘게 먹어 온 음식을 만드는 방법이나 망자의 여정을 배웅하는 산 자의 노래, 자연이 키워 주는 식량, 전통 건축물에 녹여 낸 배려와 같은 것들 말이다. 이런 것들은, 아무것도 없다는 오지에 있다.

나는 가진 게 없어,
손해 볼 게 없다는 게
정말 괜찮아요!

없는 게 메리트라네 난
있는 게 젊음이라네 난
두 팔을 벌려 세상을 다 껴안고 난 달려갈 거야
— 옥상달빛, 〈없는 게 메리트〉 가운데

2016년 2월 지금, 이곳에만 있는 이야기, 이방인으로서 생소하게 느끼지만 삶을 아름답게 만드는 장면을 담은 잡지 《오지의 메리트》를 만들고 있다. 귀촌한 사람들의 농촌살이, 나물/옹기와 같은 촌의 물건들, 오지에 정착한 예술가들이 바라보는 지역의 문화, 다른 오지에서 살고 있는 청년들의 도전기 등을 실었다. 두 번째 판이 곧 나올 예정이다. 왜 이런 잡지를 만드느냐고? 왜 대체 작물에 대해 고민하고, 구석에 숨어 있는 것들을 끄집어내 사진 찍고 그림 그리고 하느냐고? 모르겠다. 물론 거창한 명분은 계속 만들어질 것이다. 지역 활성화, 도농 간의 불균형 해소, 대안적인 삶의 모색, 전인간적인 삶 등. 하지만 우리는 다만 좀 더 인간답게 살고 싶을 뿐이고, 이 높은 삶의 질을 가족들과 친구들과 동료들과 더 많이 누릴 수 있었으면 좋겠다. 이 글을 읽는 당신에게도 이곳에 들어와 함께 살자고 자신 있게 초대하고 싶다. "같이 살지 않으실래요?"

청송창조지역사업단을 소개합니다

(주)생생농업유통과 청송시니어클럽이 공동으로 진행하는 농촌 재생 프로젝트입니다. 지역의 소중한 가치를 재발견하고, 교육과 문화 활동을 기획합니다. 2014년부터 본격적으로 청년 활동, 새로운 형태의 농업 실험, 오지 공정 여행을 진행하고 있습니다.

- 주소 (37400) 경북 청송군 진보면 진보부곡길 17
- 블로그 blog.naver.com/gotocs
- 페이스북 www.facebook.com/youthgotocs
- 전화 054-874-9501

(주)생생농업유통
국산 농산물을 매개로 농촌과 도시의 간극을 좁히고자 합니다. 먹거리를 둘러싼 환경과 역사를 최대한 그것과 함께 전달함으로써 농업 본연의 가치를 지켜 나가려 노력합니다.

청송시니어클럽
경북 청송 어르신들의 건강하고 자립적인 삶을 지원하는 일자리 창출 기관입니다. 고령화 이슈뿐 아니라 농촌의 여러 복지 향상을 위해 일하고 있습니다.

소녀방앗간
시골 촌부의 수줍지만 정성으로 만든 밥상을 전하고자 합니다. 고추도 빻고, 고소함 솔솔 풍기는 기름을 살 수 있는 방앗간처럼, 한식 고유의 재료와 음식을 맛볼 수 있는 밥집입니다. 경북 청송/예천, 경남 산청/하동, 전남 나주 등지에서 생산되는 우리 식재료로 밥을 짓습니다. 현재 서울숲점, 커먼그라운드 건대점, 서울스퀘어점, 디큐브시티점, 종로점을 운영하고 있습니다.

땅과 함께라면 배부른 소리 나도 할 수 있다

충북 제천 **농촌공동체연구소**

문은지 anusatidal@hanamil.net

"밥 먹여 키워 놨으면 됐지 뭘 더 바래"라는
부모님의 말씀에 납작 숙여지던 때부터 '가출'하여
텃밭 소농이 되기로 결심했다.
밥만 먹으면 더 이상 바랄 게 없다는 신조로
식생활 자급자족에 신났다. 지 밥그릇 챙기는 데
여념이 없다가 남의 밥그릇을 챙겨 주는 재미와
그에 따른 부수입으로 땅에서 발 딛고 사는 감동과
환경 속의 개인으로 때로는 겸허하게
때로는 오만방자하게 부대끼며 사는 맛을 누리고 있다.
몸과 마음을 함께 치유하는 작업을 화두로 삼고
'밭 테라피'를 신봉하고 있다.

덕산지역아동센터에서 복지사로 근무하면서 만난 아이들.
관계 맺으며 힘들기도 하고 기쁘기도 했는데,
어느 가을날 산책 가서 찍은 사진을 보며 돌아보니 다 그립다.

돌고 돌아 결국엔 '지금-여기'

들깨가 꽃을 맺었다. 그는 섭리대로 때가 되어 꽃을 피워 냈고 나는 그 작은 존재가 보여 준 잔잔한 아름다움과 신뢰에 안심한다. 그래, 나는 지금 여기에 있다. 만고의 진리, 숨이 붙은 이 몸, 이 몸이 있는 이곳, '덕산'에 내가 존재한다. "지금-여기를 중요하게 여겨야 한다"는 말을 예전에 들었을 때는 현재를 소중히 여기고 집중해서 보다 효율적으로 살라는 흔한 자기 계발 서적들이 외쳐 대는 명령으로 들렸다. 그러나 이젠 그 말이 무엇인지 안다. 내가 알아내려고 했던 것도, 알아질 수 있는 것도 아니었다. 정말 내게 꽃이 왔고, 그 말이 귀가 아니라 가슴으로 왔다. 어쩜 이렇게 가볍고 신나고 진실하고 소박한 일상의 행복을 만나게 되었을까? 가슴 벅차고 짠하다.

"여기가 여인숙이냐?"

20대 후반이 되면서 부모님과 함께 사는 집은 내게 더 이상 '마이 홈'이 될 수 없었다. 그곳에 내 몸을 누일 침대가 있을 뿐이었다. 그 침대에 누워 매일 똑같은 천정의 벽지를 보다 숨이 막힐 것 같은 답답함에 몸서리를 쳤다. 고등학교 시절, 스물다섯 살 언저리면 '독립'이란 걸 할 수 있을 거라고 기대했다. 현실은 경제적인 독립도, 정서적인 독립도 어려웠다. 생활에 필요한 기본 생계비를 떼고 나면 월급은 '용돈'이 되고 마는 시민단체활동가의 수입, 다람쥐 쳇바퀴 돌듯 그 대상만 바뀔 뿐 반복되는 문제, 바닥난 체력……. 일터에서도 가정에서도 허우적대고 있었다. 언제나 삶의 주인은 나인데 주체성을 잃어 갔다. 이렇게는 살 수 없다는 판단에 부처님 출가 동기와는 사뭇 다르지만 비장한 각오로 100일 단기 출가를 다녀왔다. 남은 것이 보였고 사라진 것들이 있었다. 내 삶의 생기를 되찾자는 목표(실은 가족 문제를 더 이상 바라보기 싫은 도피와 캥거루 주머니 속 안온한 삶을 지속할 수 없다는 일말의 자존심 세우기)로 나의 집을 찾아 그 첫 독립지로 '덕산살이'가 시작되었다. 보일러 기름 떨어지는 소리에 밤이 무서웠던 길고 긴 겨울, 정화의 시간을 가질 수 있었다. 2012년 12월 스물여덟의 끝자락에는 단순해질수록 소중한 것을 잘 볼 수 있었다.

나를 먹이기 위해 내가 차린 밥상

쓸고 닦고 쓸고 닦고, 헤벌쭉 웃다가 걸레질을 멈추니 문득 고요가, 그 고요가 너무 커서 어떻게 맞이하고 바라봐야 할지 몰랐던 이사 첫날 밤이 아직도 선명하게 기억난다. 옆집 개와 내가 서로를 몹시 경계하던 밤이었다. 나를 먹이기 위해 내가 차린 밥상과 마주하니 절로 숙연해지던 밤, 나를 마주하는 일, 그리고 새로운 경험과 만남 속에서 어떠한 내가 아닌 그저 '있을' 수 있으면 좋겠다고 빌었다. 만 3년이 되어 가

마을 주민이 아프리카로 해외 봉사를 가면서
맡기고 간 삽살개 '깨비'.
나는 힘들게 고구마를 캐는데 깨비는 낮잠 자고 뛰어다니고…….
그래도 깨비 덕분에 시골길을 더 많이 알게 되고
많이 걸을 수 있게 되어 향수병이 덜해졌다.
고마운 녀석.

는 지금은 어떤가. 돌아보면 여전히 고집불통이었다. 내 꼴을 내가 도저히 못 봐 주겠어서 대중의 힘을 빌려 어떻게 하면 바꿔질까 하고 궁리했더랬다. 새로운 공간에 자리를 잡고 다른 사람들을 만나러 왔지만 내가 바뀌지 않으니 도시에서 시골로 공간 이동만 이루어졌을 뿐 바뀌는 게 하나도 없었다. 그만한 대가를 치러야 했다. 여름철 곰팡이로 뒤덮인 집에서 오랫동안 편도염을 앓으면서 뜨겁게 신고식을 치르고 나서야 시름시름 몸과 마음이 한데 병들어 이곳에 왔음을 알아차리게 되었다. 삶의 면역력이 떨어져 있어서 준 사람은 없는데 상처만 늘어 갔다. 떠나고 싶었던 가족을 그리워하게 되고 밭을 갈다 보면 '내가 지금 여기서 무엇을 하고 있나~ 난 누구 여긴 어디?' 하는 '멘붕' 상태가 찾아올 때도 있었다. 내가 발 딛고 선 곳에 존재하지 않고 행위만 있어 허전했다. 현실에 뿌리내리지 않고 '여기서 살 수 있을까, 없을까?'를 고민하는 방문객으로 살 때 내 인생에서도, 이곳에서도 철저하게 손님으로 살 수밖에 없겠구나를 직면하면서 고민하지 않고 실제로 해 보기로 했다.

　가슴 뻑적지근하게 감동적인 순간이 있는가 하면 별것도 아닌 일에 마음이 베일 때가 있다. 마을에서는 일터와 삶터가 분리되지 않는 까닭에 말 한마디도 아주 조심스럽고 정치적일 수밖에 없다. 말은 입에서 입으로 저 멀리 생면부지의 사람에게도 전달되기에 처음에는 신경이 쓰이고 '내가 밥인가? 왜 자꾸 떠 보는가?' 괴롭기까지 했다. "뭘 하지도 못하겠다"는 말이 절로 나왔다. 시골에서는 '순환'과 '소통'이 생각하고 자시고 할 토론거리가 아니다. 관계 맺지 않으면 살아갈 수 없기에 순환과 소통이 생존 방식 자체가 아닌가? 시골에서는 "우리가 안 보고 살 수 있는 사이도 아니고"라는 말이 있다. 문만 열고 나가면 원수도 친구도 다 보인다. 도시에서는 "안 보면 그만이지" 하는 말이 있다. 익명성에 숨을 수도 있는 것이다. 하지만 여기선 조사하면 정말 다 나온다. 준거집단과 소속집단이 많은 까닭에 싫으면 안 보면 되고 그것 하나 차단된다고 해서 아쉬울 것도 없는, 사람이 바글거리는 도시와는 이웃의 귀함을 비교할 수 없다. 이웃이 하나의 생태계가 되어 준다고 생각하면 된다. 나는 한 개의 점이지만 비슷한 것을 고민하는 사람들과 한 개의 축으로 만나지기도 하면서 삶의 풍경을 그려 갈 수 있다. 혼자서는 완성할 수 없는 협동화라는 점을 잊지 않고서 말이다.

　마을 꼰대 아저씨들에게 여러 번 욕을 듣고 나니 살아남아야겠구나 하고 정신이 번뜩 들었다. 내가 왜 결혼하지 않고 애인을 곁에 두고 사는 것이 술을 먹다 삿대질을 당해야 하는 일이며 100만 원도 벌지 못하는 시원찮은 젊은이가 되어야 하며 순종하지 않는 성격 나쁜 년으로 평가받아야 하는가. 그건 그들의 생각일 뿐, 설명한다고 이해할 수 있는 것도 아니고 내 삶을 이해받아야 한다고도 생각하지 않았다. 이렇게 사는 사람도 있을 수 있다고, 다만 다양성에 대해서 생각해 볼 여지는 있겠지, 오래 살다 보면 이해해서가 아니라 그냥 옆에 있다 보니 받아들여지지 않겠는가 하고 넘어갔다. 원주민 어르신들의 텃세+훈육에는 내가 살던 '나와바리'를 떠나 이곳에 왔으니 이방인으로서 적응해야 한다고 견뎠다. 거기에 또 하나의 적응 과제가 기다리고 있었으니! 대안적인 가치들을 몸소 실천하면서 살아 보겠다고 온 이들과도 등 돌린다면 정말 할 수 있는 게 없다는 결론에 이르렀다. 그러나 머리로만 '쿨' 했을 뿐 나는 아팠다. 이때 이 '외지 것'의 생활과 마음을 지켜봐 주는 하나의 공간이 있었다.

우리 모두 하나의 점, 너를 기다리고 있어

다년간 마을공동체를 활성화하는 일에 관심을 기울여 온 한석주 소장이 2011년에 문을 연 곳으로 300여 명에 이르는 회원들의 힘으로 꾸려지는 사단법인 농촌공동체연구소(농공연). 한석주 소장은 이전에 제천 간디교육연구소에 있을 때부터 홈스쿨러들과 함께 배움의 주체성, 교육의 자립에 대해서 고민해 왔다. 나와의 첫 인연도 그때 맺어지게 되었는데 2008년 제천 간디학교에서 열린 여름캠프에서였다. '도시촌아'의 눈에 농촌 로망이라는 콩깍지가 씐 것이었을까? 밤하늘의 별이 쏟아지는데 어찌나 예쁜지, 가로등 불빛도 얼마 없는 시골길을 걷는데 가득 메운 풀벌레 소리가 어찌나 정다운지 쪽쪽 뽀뽀를 해 주고 싶은 심정이었다. 우리 곁에 늘 있었으나 귀 기울여 듣지 않고 눈 맞추고 바라보지 않아서일까? 밥 먹고 걷고 이야기하는 행위들 하나하나에 감각이 깨어나고 충만해졌다. 그 아름다운 풍경 속에서 대안교육 현장에서 활동하는 털털하고 열정적이면서 약간의 빈틈(수줍음, 두서없음 같은 인간적인 매력)을 지닌 선생님들을 만나게 되었다. 타인의 욕망이 아닌 자신의 욕망을 따라, 개념이 아닌 실제의 삶을 사는 모습을 엿보게 된 셈이다. 결국 자기 '쪼'대로 사는데 그게 참 좋아 보였다. 추진력과 상상력, 함께하고자 하는 따스한 마음들이 느껴져서 '산 좋고, 물 좋고, 사람 좋은 데서 더불

2013년 농공연에서 함께 어울렸던 인턴들.
맨 왼쪽이 한석주 소장님.
저녁 먹기 전 찰칵!

어 살면 재밌겠다' 그렇게 생각의 씨앗을 품은 것이 지금 내가 이 자리에 있도록 이끌어 왔다. 지금 생각해 보면 어린 마음에 뭣도 모르고 끌렸다. 말로는 할 수 없는, 느껴 봐야 아는 필feel에 꽂혀 가지고. 아무튼 그때 왜 그 필이 와 가지고 말이야.

누구와 어떻게 살고 싶은가?

농공연은 농촌마을공동체의 복원과 발전을 통하여 농農적 가치에 기반을 둔 대안적 문화와 삶의 모델을 만들어 확산하는 것을 꿈꾸는 공간이다. 하는 일은 청년과 도시인의 귀농·귀촌 지원부터 로컬 푸드 체계 마련, 그리고 농촌마을공동체 구성원의 삶의 질을 높이는 일까지 실로 다양하다. 좀 더 구체적으로 설명해 보자면 우선 마을 시장 활성화 영역이 있다. 지역의 전통 오일장이 사라지지 않도록 할머니들의 난전에 물품을 지원하고 시장번영회와 협력하여 할머니들이 하고 계신 일의 의미를 스스로 찾을 수 있도록 독려하고 있다. 장날에 아동인형극이나 떡메 치기와 같은 전통 놀이를 체험하는 행사를 하기도 하고, 덕산 지역에서 나는 재료로 천연 염색을 하거나 비누를 만드는 체험 프로그램을 열어서 문화를 풍성하게 하고 지역의 자원들을 재조명한다. 아이들이 마을에서 누릴 수 있는 경험의 폭을 넓히는 데도 힘쓰고 있다. 덕산초등학교와 협력하여 어린이날 프로그램을 함께 고민할 수 있도록 마을협의체를 구성하는 역할도 하고 있다. 도시에 살고 있는 회원을 초청해 캠프를 열어 도시와 농촌을 연결하는 일도 하고 있다. 지역 주민의 일손을 돕고 경제적 이익을 창출해 내면서 도시의 가족들이 자연과 교감할 수 있도록 한다. 옥수수 따기, 감자 캐기, 심마니와 함께하는 월악산 약초 기행 등 다채로운 프로그램이 펼쳐진다. 2013년에는 특별한 프로그램으로 농공연과 덕산면이 손잡고 '덕산포럼'이라는 강연과 토론의 장을 열었다. 이 자리를 통해 지역 주민들이 지속 가능한 마을살이에 대해서 고민하는 기회를 가질 수 있었다. 나는 농공연이 주최하는 이러한 프로그램들을 작게나마 지원하며 마을살이를 익히고 적응해 가는 인턴 혹은 특파원으로 활동하고 있다. 농공연은 청년이 시골에 와서 잘 정착하여 사는 것이 마을공동체에 활력과 새로운 기운을 불어넣어 주고 마을을 지속 가능하게 할 수 있는 힘이 되리라고 생각한다. 농공연 인턴은 단일하게 주어지는 과제나 출퇴근이 없는 자유로운 환경에서 일한다. 무엇이든 원한다면 개인 프로젝트로 설정하여 실행해 볼 수 있다. 예를 들면 2013년에는 의생활 자립을 위한 바느질 공방 '실천'을 열어 주문을 받은 바지, 가방 등을 생산하고 여성의 몸과 지구를 살리는 면 생리대를 만들어 보급하는 데 주력했다. 앞으로는 마을에 분리수거를 할 수 있는 공간을 이장님과 협의해 만들어 볼 예정이다. 일을 해 가는 과정에서 생기는 질문이나 어려움을 농공연과 상의하고 공동으로 상호 보완해 가면서 만들어 갈 수 있다는 게 장점이다.

다양한 화제들과 사람들을 담아내 주는 컨테이너 역할

먼저 자리 잡은 분들이 있고 농공연이 있어 나의 고민은 개인의 찡얼

거림과 불편함이 아닌 공동의 과제로 여겨진다. 몸이 무척 차가운 편이라 반신욕이 필요한데 목욕탕이 너무 멀어서 추운 겨울에는 가기가 힘이 들었다. 큰맘 먹고 한 달에 한 번 이웃을 모아 자가용으로 가까운 수안보 온천에 가곤 했는데 돌아오는 길에 먹는 우동 한 그릇이 별미였다. 겨울철 낭만 포인트였으나 왕복 1시간 30분이 걸리는 목욕탕 나들이는 눈이 오면 길이 험해 위험한 도발이었고 '그냥 집에서 하면 되지 굳이 기름을 때 가면서까지 멀리 가야 하느냐'는 이장님의 눈총을 받는 사치 향락이었다. 농공연에서 "마을에 목욕탕이 있으면 좋겠어요" 하고 외쳐 보았다. 그랬더니 "그러게. 어르신들도 이용하기 편하고 하나 있으면 좋겠네", "이번에 세워지는 복지회관에 목욕탕을 만들 수 있는지 건의해 보고 현실적으로 가능한지 알아보자" 하고 의견 수렴을 해 주었다. 택배기사님이 집 주소로 배달을 해 주지 않고 자꾸 임의로 슈퍼나 카페에 가져다 놓으시기에 도시에서 편의점에서 수령하는 것처럼 우리도 공동으로 우편물을 보관할 수 있는 거점 공간을 만들어 보자고 했더니 적극 지지해 주기도 했다. 이렇게 생활에서 느껴지는 사소한 것이라도 농공연에선 함께 이야기 나눌 수 있다. 마을버스 운행하기, 마을 소식지 만들기, 마을 공방 만들기 등과 같은 제안도 공상이 아니라 충분히 실현해 봄 직한 일들로 받아들여진다. 무엇이 필요한지 어떤 게 힘든지 말할 데가 있다는 게 신기했다. 이러한 건의들은 새로 이주해 올 사람이 덕산에 정착할 때 겪게 될 어려움을 이해하고 해소할 수 있는 계기가 된다. 마을 정착을 원하는 사람들에게 농공연은 빈집이 어디 있는지, 빌릴 수 있는 땅이 어디 있는지 알려 주는 복덕방이었으며, "땅이 없어요" 하면 무

마을목공소 팀장 장춘봉 선생님이
청주 DIY교육장에서 학다리 테이블을 완성 후
해맑게 웃고 있다. 목공소는 요즘
집 짓기뿐만 아니라 내부 인테리어를 위한
각종 소품들도 개발하고 있다.

상으로 텃밭을 분양해 주는 큰손이었다. 생계비에 쩔쩔맬 때 일당 벌이를 소개해 주기도 하고 뭐부터 시작해야 할지 감이 없을 때 누구를 만나야 일이 수월하게 되는지 일러 주는 마당발이며 "이런 걸 해 보고 싶은데" 하면 맞장구쳐 주는 손발이 되어 주었다.

그렇게 시작된 것이 '작은 바느질 공방'이었다. 그릇 가게에서 약간의 작업복과 생활 의류를 팔기는 하지만 옷 가게는 특별히 없어서 마을에 필요한 의생활을 자급자족할 수 있으면 좋겠다는 생각이 들었다. 이러한 제안에 농공연은 만들면 판매할 수 있는 길을 터 주고 일정 정도 마을에서 소비할 수 있게 알릴 테니 마음 놓고 시작해 보라고 지지를 보내 주었다. 새로운 게 하나 생기려면 그 전에 다른 하나가 있어 줘야 하는데 농공연은 그물코처럼 그런 역할을 해 준다. 요샛말로 인큐베이팅, 코디네이팅과 비슷하겠다. 사회적 기업으로 시작한 '마을목공소'도 그렇게 농공연의 도움을 받아 출발하였다. 농공연이 운영 지원을 한 마을목공소는 귀촌한 분들의 일터이자 지역 내 초등학교의 목공 수업이 진행되는 교육장이다. 마을의 헌 집들을 수리하고 재사용, 재활용, 대안에너지를 통한 생태 건축을 지향하고 있다. 작은 음악회를 여는 등 마을의 문화 공간이 되고 있는 '누리마을빵카페'도 농공연의 운영 지원을 통해 자립해 나가고 있다. 한석주 소장은 지역에 다문화 여성들이 늘면서 변화된 모습을 보고 다양한 주체들이 설 수 있는 토대를 다지기 위해서 노력해 왔다. 그런 경험이 바탕이 되어 빵카페를 만들었고 빵카페에서는 결혼 이주 여성들이 파티쉐나 바리스타로 왕성한 활동을 하고 있다. 지역에서 생산한 신선한 재료와 유기농 먹거리로 만든 맛난 빵과 케이크, 쿠

누리마을빵카페는 로컬 푸드와
친환경 먹거리를 체험하고 교육하는 교육장이자
이주 여성들의 일터이다.
덕산면의 유일한 카페로 지역의 사랑방이자
문화 교류의 장이 되기도 한다.

키, 각종 효소 등이 기다리고 있어 '참새 방앗간'으로 자리 잡은 예쁜 공간이다. 이렇게 놀러 갈 수 있고, 생활에 필요한 것을 구할 수 있는 곳이 점점 더 많이 생겨나고 있다. 살기 좋은 생태계가 만들어지고 있는 덕산은 자급자족의 달인들과 숨은 재주꾼들이 사는 풍성한 마을이다.

시시콜콜한 이야기

그 밖에 이곳 덕산의 풍경을 조금 더 설명하자면 동아리 천국이라고 할 수 있다. 풍물패, 몸살림, 정토회 법회, 다도 모임, 타로 모임, 리코더 동아리 등이 활성화되어 있다. 농공연에서 물심양면으로 지원을 아끼지 않은 덕분에 다양한 형태의 소모임들이 뿌리내리면서 마을의 문화를 일구어 갈 수 있는 역량이 커 나가고 주민들의 삶에도 생기가 돌고 있다. 농공연은 바느질 소모임이 강사비를 지원받을 수 있도록 추천하는 일, 서예 교실에 재료비를 지원하는 일, 유소년 축구 교실이 열릴 수 있도록 강사비를 지원하는 일, 앞산의 이름을 딴 어리산 밴드가 악기를 구입하는 문제로 골머리를 앓을 때 아름다운재단에서 지원받을 수 있도록 연결하는 일 등을 맡아서 해 주었다. 먹거리나눔협동조합인 '파릇'이 출자금과 판매 금액이 적어 공간 마련에 고심하고 있을 때 무인 판매가 가능하도록 냉장 시설과 가게 공간을 일부 내준 것도 농공연이다.

이 수많은 동아리들 중에 나도 서너 곳에 참여하면서 '도시에서보다 더 바쁘다'고 비명을 지르기도 했다. 어리산 밴드 키보드 파트를 담당하면서는 정서가 너무 다르다는 게 힘이 들었다. 20~30년 나이 차이가 나

▲ 2015년, 목공소에서 집을 두 채 지었는데 그중 두 번째 집인 덕산초등학교 선생님 댁이다. 집 짓는 현장 사진.

▼ 적정기술을 활용해 가스통을 이용한 난로를 만들었다. 만드는 기술을 주민들에게 알리고, 만든 난로는 지역 내 주민자치회관이나 복지단체에 기증했다.

는 동네 아저씨들과는 담배 때문에 첫인상이 좋지 않았다. 밴드 모임 첫날이었는데 그때 나는 겨우 덕산에 온 지 3개월 된 초심자였고 '아무나 보면 인사하고 이곳의 법을 따르는 게 상책이야'라는 충고를 듣고 있었다. 모임이 무르익을 무렵 중년 남성 주류 그룹(!)에서 다섯 명이 동시에 실내에서 담배를 피우기 시작했다. 비염으로 눈, 코, 목이 안 좋은 나는 담배 연기 때문에 괴로웠다. 내가 나가야 하나, 그만 피우라고 해야 하나 눈치 보고 있을 때 한 아주머니가 "너구리는 그만 잡고 더 피우시려거든 나가서 피슈"라고 입을 뗐다. 그러나 그 말에 아무도 답을 하지 않고 이후에도 실내에서 담배를 피웠다. 그때 내가 받은 충격이란! '말이 안 통하겠구나.' 담배 때문에라도 밴드에 나갈 수 없었다. 말없이 조용히 사라졌다. 나와 같이 그 자리에 있었던 동네 아주머니 네 분도 두 번째 모임부터 나타나지 않았다. 남녀노소가 다 모인 게 특징이었는데 중년 남성 그룹이 되었다. 그러다 키보드를 담당할 사람이 없다고 내가 다시 호출되었고 담배 문제가 떠올랐다. 나는 "밖에서 피셨으면 좋겠다"고 제안했고 "실내에서 한 명씩 돌아가면서 피겠다"는 답변이 돌아왔다. 밴드에서 부르는 노래들도 난생처음 듣는 1970년대 곡이어서 절충이 되지 않았다. 맡고 싶은 악기도 달랐는데 건반을 칠 수 있는 건 나밖에 없으니 무조건 키보드를 맡으라고 했다. 어흑, 이건 너무해! '무조건 따르라'에 탑승할 수 없는 삐딱한 나는 중도 이탈했다가 또다시 왔고 어느새 1년 반이 훌쩍 넘었다. 같이 사는 남자 친구의 고향인 이곳에서 동네 형님들에게 잘못 보였다가 남자 친구에게 피해를 주는 게 아닌가 하는 부담이 무겁게 찾아왔다. 문화와 성별, 개인 경험의 차이 자체는 문제가 되

농공연에서는
매년 여름 회원 캠프를 열고 있다.
옥수수를 따고 있는 가족들.

지 않는다고 생각했었다. 갈등이 부정적인 것이 아니듯 다름이 잘못이 아니고 갈등을 해결해 나가는 과정이 중요하다고 생각해 왔지만, 애정이란 게 자연스럽게 생겨나지 않았고 다름은 문제가 되었다. 밴드로 합주를 한다는 게 신기할 만큼 대척점에 있는 정말 다른 우리들. 나는 중년 아저씨들에게 다가설 수 있을까? To be continued!

네가 밭갈이를 알아? 안 갈아 봤으면 말을 말어

2014년에 처음으로 밭을 일구게 되면서 가히 인생의 혁명을 겪었다고 말하고 싶다. 내 입에 거저 들어오는 것은 없다는 기막힌 사실을 밭에서 길길이 뛰고 울고 짜고 절절매면서 알게 되다니! 밭에서 호미질을 하면서 나는 조금 어른이 되었다. 씨 뿌려 꽃 피고 열매 맺고 그 수확물로 직접 조리하여 나를 먹이고 가족과 벗들에게 나누고 다음 해를 기약할 수 있는 갈무리까지 한 과정을 완성하였을 때의 그 뿌듯함과 먹먹함이란! 이전의 경험에서는 느껴 보지 못했던 다른 차원의 것이었다. 처음으로 감자 농사를 지었을 때, 논에 손모내기를 하러 들어갔을 때는 시를 쓰고 싶을 만큼 내 속의 많은 것들이 건드려졌다. 정말 나는 땅에서 삶을 찾았다. 밭은 참 괜찮은 무대였다. 땅은 돌려준다. 정말 정직하게 콩 심은 데 콩 나고 팥 심은 데 팥 난다. 천재지변이 없는 한 수학적 계산이나 1 : 1 교환이 아닌 두둑하게 수십 배로 수확물을 돌려준다. 땅에 발 딛고 사는 든든함으로 외치는 배부른 소리라 함은 "저 푸른 초원 위에 그림 같은 집을 짓고 사랑하는 우리 임과 한 백 년 살고 싶다"는 유행가가 아닐까?

농공연 한석주 소장님이 빌려준
황새골 텃밭에는 작은 주인들이 여럿 있다.
그중에 시간 맞는 사람끼리 풀 뽑기 하고
빙수를 먹는 여름 로망 사진.
직접 딴 노지 딸기로 토핑을 하면 그 맛이 황홀.

자연과 함께하는 일상의 노동과 일용할 양식, 함께하는 벗들. 그 가사가 적어도 내게는 '워너비'였고 진실이었다. 밭이 있어 내 몸과 마음을 돌볼 수 있었다. 밭이 있어 나를 먹이고 생존해 갈 수 있었으며 밭에서 온 먹거리를 나누며 인사하고 관계를 맺고 밭에 있음으로써 내 삶의 온전함을 느끼게 되었다. 나 역시 순환하는 생태계의 한 고리로서 살아 나감을 잠시나마 느낄 수 있었다. 또한 밭은 내게 믿음을 배우게 했다. 하늘을 믿고 나를 믿고 서로 해치치 않는 건강한 먹거리를 생산하는 마음가짐을 말이다. 몸과 마음을 만들어 가는 꾸준함의 중요성을 새삼 알게 되었는데 담금질하듯 지리멸렬하지만 매일이 새날이다. 반복하는 것 같지만 조금씩 다른 면을 만난다. 어떻게 살고 싶은지가 명확하기 때문에 밀물 썰물처럼 많은 생각이 왔다 가지만 쓸려 가지 않는다.

이곳에서 문장금이 되리라

어린 시절부터 '골골 100년' 하고 살아왔으며 자연 치유에 끌림이 있었다. 상처는 힘이 되고 잔치를 열 수 있는 밑천이 된다고 생각하면서 상담 공부를 하고 있는데 이를 바탕으로 치유 공간(힐링 게스트하우스)을 만드는 게 꿈이다. 빼앗긴 농촌의 찐한 정서와 존재 가치, 그리고 밥 짓고 애 키우고 농사짓는 여인들의 노동과 희로애락에 대해서 기록하고 맺힌 게 있다면 풀어 가고 싶다. 직접 키운 건강한 식재료로 정성스런 밥상을 대접하고 몸과 마음을 어루만지며 쑥뜸도 뜨고 요가도 하고 마사지도 하고 길을 걷기도 하면서 자연과 제 몸의 소리에 귀를 기울일 수 있도록 안내하는 공간을 그리고 있다.

　사회학 수업 시간에 질문을 받는 자는 늘 약자 또는 비주류라는 이야기를 들었다. 이곳에서도 '왜 여기 왔어?', '어떻게 알고 왔어?', '아니, 젊은 사람이 어떻게 시골로 내려올 생각을 했대?', '연고가 있어?' 많이도 질문을 받았고 거기에 대해 대답을 잇지 않으면 어딘가 모자란 '우두커니'가 되었고 말을 하면 용납하고 싶지 않은 외계인이 되었다. 어느 쪽도 편하지 않았는데 이제는 때를 기다릴 줄 알고 제법 버틸 줄 알아 기특하다. 기특한 게 또 있다. 봄이 오면 봄이 온 줄을 안다. 어찌 알까? 꽃은 어떻게 봄이 온 줄 알고 피어날까? 꽃은 마음껏 피어도 된다는 것을 알려 주지 않아도 안다. 우리도 그렇다. 하나의 '장'이어서 네가 오면 네가 온 줄을 알고 네가 없으면 없는 줄 안다. 서로가 서로를 이루기에 나는 네가 좋다.

　아, 이렇게는 못 살겠다. 내가 원하던 삶이 아니다. 적게 벌고 행복하고 싶다. 무언가 사건도 없는데 헛헛하다. 이유 없이 몸이 아프다. 밥맛이 없다. 함께 먹을 식구가 필요하다. 그러면 밭을 일구세요.^^

농촌공동체연구소를 소개합니다

시골로 올 때 좋은 이웃 한 명만 있어도 그 마을은 살 만한 곳이라고 들었는데 사회적 경제라는 거창한 말을 쓰지 않아도 밥그릇을 함께 고민해 주는 사이, 나처럼 살러 들어온 젊은이들의 먹고사는 문제를 나 몰라라 하지 않고 비빌 언덕이 되어 주는 고마운 공간이 있습니다. 소위 시골에 맞지 않는 예민한 성격인 제가 여기서 나게 될 네 번째 겨울을 고대할 수 있는 것도, 농촌 로망의 판타지가 깨진 것도 그 덕택입니다. 순환하는 상호부조의 경제에 대해서, 모두가 행복한 교육에 대해서, 마을의 문화를 가꾸는 일에 대해서 힘을 쏟고 있으며 앞으로는 마을 전체가 배움터가 되는 '마을대학'을 꾸릴 예정이라고 하는 농촌공동체연구소. 연구소에서 운영 지원하는 단체로 누리마을빵카페와 마을목공소 두 개의 작업장이 있습니다.

- 주소 (27223) 충북 제천시 덕산면 약초로 3안길 5-1
- 홈페이지 www.ngy.kr
- 이메일 farmcommunity@hanmail.net
- 전화 043-653-2423

누리마을빵카페
로컬 푸드와 친환경 먹거리를 체험하고 교육하는 교육장이자 이주 여성들의 일터입니다. 덕산면의 유일한 카페로 지역의 사랑방이자 문화 교류의 장이 되기도 합니다.

- 주소 (27223) 충북 제천시 덕산면 약초로 3길 19
- 전화 070-8901-0482(팔구 빵 하나 남았으니 빵 사 빨리)

마을목공소
친환경 생태 주택 및 대안에너지 주택을 만들고 보급합니다. 헌 집 수리도 하고 지역의 목공 작업장도 되지요.

- 주소 (27223) 충북 제천시 덕산면 약초로 10길 25-32
- 메일 jbbong77@hanmail.net
- 전화 010-2334-0615

농촌에서의
지속 가능한 삶을
찾아서

충북 괴산 **문화학교 숲**

임완준 coldnewss@gmail.com

말하기보다 듣기를 좋아하고
혼자보다는 여럿이 어울리는 걸 좋아한다.
특히 어린이, 할머니와 함께하기를 좋아한다.

'짧은 학교 창작 연극 만들기'에 참여한 아이들이 무대 배경을 완성하고 기념사진을 함께 찍었다.
가운데 구멍은 이야기 속에서 시공간을 넘나드는 매우 중요한 역할을 하는 장치다.

괴산에 오다

2006년 가을, 제대한 후 다니던 대학에 복학하였다. 지금도 대부분의 예비역이 그러하듯 나도 당시에 진로에 대해 많은 고민을 하고 있었다. 학교에서 사회복지와 심리를 공부하였는데 사회복지 분야보다는 심리학에 더욱 흥미가 있었고 특히 범죄심리학에 관심이 쏠릴 때였다. 범죄심리학을 공부하며 관련 연수와 세미나에 참석했고 자격증을 받기 위해 수련과 실습에 할애하는 시간이 많아졌다. 수련이나 실습은 교도소와 같은 교정 시설에서 수감자를 대상으로 사회 적응 프로그램을 운영하는 것과 청주와 대전의 경찰서에서 소년범을 상담하고 심리검사를 하는 일이 주를 이뤘다. 대상자들과 맺는 관계의 지속성의 한계 때문인지 이 일을 할수록 처음에 내가 가졌던 자긍심과 의미는 점점 희미해져 갔다. 이 일에 대한 근본적인 물음이 생겨날 즈음 먼저 자리를 잡고 있던 선배의 부름에 이끌려 괴산에 있는 신기학교에 오게 되었다. 신기학교는 문화예술교육단체인 '어린이문화 사과'가 '자립과 연대의 삶, 삶의 교육'을 일구려고 세운 지역공동체학교다. 마을 이름도 신기마을이고 폐교 이전 학교 이름도 신기초등학교였는데, 이름을 바꾸지 않고 그대로 쓴 것이다. 신기학교에서는 2006년부터 달마다 각기 다른 주제로 '신기 짧은 학교'와 괴산 주민들과 함께하는 문화예술교육 프로그램을 운영하였다. 멀티미디어 동화 창작 교실, 삶을 가꾸는 문화예술교육(요리 교실, 바느질 교실, 목공 교실), 창작 연극 만들기 등의 다채로운 프로그램도 진행되었다. 농사, 문화, 예술, 교육이 한데 어우러져 신기학교를 움직였으며 이 움직임에는 많은 청년들의 손이 보태졌다. 그 청년들 중 한 명이었던 나는 주중에는 학교를 다니고 주말에는 꼬박꼬박 출근 도장을 찍으며 공간을 만들거나 캠프를 함께 진행하였다. 처음에는 일할 때 흐르는 순수한 땀이 좋았고 그렇게 함께 땀 흘리는 사람들이 좋았다. 무엇보다 기계의 힘을 빌리지 않고 삽과 괭이만을 이용해 교실 세 칸의 바닥을 걷어 내고 구들방과 부엌을 만들었던 일과 교실 안에 황토 벽돌을 쌓아 황토 생활관을 만들었던 일은 잊을 수가 없다. 우리가 살 공간을 우리의 힘으로 하나씩 완성해 나갈 때의 희열과 짜릿함이란 이루 말할 수 없었다. 매달 열었던 '신기 짧은 학교'를 통해 먹고 입고 잠자는 기본 활동을 아이들이 스스로 책임질 수 있도록 하는 과정들이 나에게는 머리와 심장을 움직이는 큰 충격으로 다가왔다. 괴산에 오는 시간이 점점 많아질수록 내 심장은 뜨거워졌고 '농촌공동체의 회복', '농촌에서의 교육'이라는 무거운 주제들이 점점 내 머릿속에 크게 자리 잡기 시작했다. 범죄심리를 공부하며 '왜 소년 범죄율이 늘어날까?', '왜 소년범의 평균 연령이 점점 낮아질까?', '이런 현상은 누구의 책임이며 원인은 무엇일까?' 하는 의문이 생겼는데 신기학교에 있으면서 이에 대한 답을 자연스럽게 찾아가고 있었다.

 1년 동안 신기학교에 왔다 갔다 하며 지내다 보니 학교에 가기 싫어지고 이곳에서 계속 지내고 싶다는 생각이 들었다. 학교로 돌아가면 신기학교의 아이들이 보고 싶고 가마솥의 밥맛, 구들방의 냄새, 텃밭의 흙냄새가 미치도록 그리웠다. 이러한 끌림에 홀린 듯이 휴학을 결심하고 주말살이가 아닌 한해살이를 시작하였다.

신기학교는 20년 이상 방치된 폐교를 활용했기 때문에 초기에는 건물 수리, 전기, 설비 등 삶을 영위할 수 있는 환경을 만들고 관리하는 일을 많이 할 수밖에 없었다. 폐교에서 살아 본 사람들은 알겠지만 그곳에 있으면 자신도 모르게 '맥가이버'가 되어 간다. 그 많은 일들을 자연의 힘만 빌려 우리의 손으로 해결해 나간 경험은 내게도 큰 자산이 되었다. 약 2년간은 한전에서 공급되는 전기를 쓰지 않기 위해 햇빛 발전기와 자전거 발전기를 설치하여 삶에 기본적으로 필요한 전기만 사용하였다. 해가 지면 촛불을 켜고 어둠을 밝히곤 하였는데 월별로 캠프가 있을 때면 어둠을 무서워하는 아이들을 위하여 자전거 발전기를 돌려서 전기를 축전해 전등을 밝히곤 하였다. 잠들기 전 '모두모임'을 하다 깜빡이는 전등을 살리기 위해 돌아가며 자전거 페달을 굴리던 아이들의 모습이 아직도 생생하다. 추운 겨울, 따스한 구들방의 촛불 아래에서 펼쳐지곤 했던 문화와 예술의 향연, 2천 평의 학교 주변 밭에 유기농으로 다양한 작물을 가꾸고 수확했던 경험들······. 이러한 시간들을 통해 나는 점점 괴산에서의 삶에 자연스레 녹아들게 되었다. 이렇게 1년이 지난 후 다시 학교로 돌아가야 하는 시점에서 나는 쉬이 학교로 돌아갈 수 없었다. 여러 방법을 고민하다 괴산에서 학교까지 통학을 하는 방법을 모색해 보았고 식구들의 배려와 도움으로 작고 단단한 중고차를 빌려 통학을 할 수 있게 되었다.

졸업을 앞둔 그해 겨울, 한 해를 되돌아보고 내년을 기약하는 자리에서 나는 식구들에게 "이곳의 삶과 일이 좋고 만나는 사람들이 좋다"고 말했고 그렇게 괴산에서의 나의 활착은 시작되었다.

터전을 옮기다

2011년 9월, 교육청으로부터 임차한 신기학교의 5년 임대 기간이 다되어 가는 시점에 우리는 새로운 곳으로 터전을 옮기기로 합의하고 신기학교 인근의 문광면에 있는 낡은 양곡 창고를 임차하여 사무실과 교육 장소를 만들었다. 터전을 옮기게 된 결정적인 이유는 감당하기 힘든 신기학교의 임대료와 괴산 읍내와의 접근성 때문이었다. 공간 문제에만 변화가 생긴 것은 아니었다. 운영도 청년들이 직접 하는 새로운 실험이 시작되었다. '어린이문화 사과'의 조원석, 목윤지영 선생님께서는 20대 후반인 우리들에게 30대가 되면 너희의 일을 시작해야 된다며 항상 조언과 지지를 아끼지 않았다. 그런 조언과 지지가 힘이 되어 2012년 한 해 동안 준비 기간을 거친 후 2013년 1월, 나를 비롯한 청년 세 명의 뜻을 모아 '문화학교 숲'이란 단체를 만들게 되었다.

문화학교 숲의 지향을 한마디로 설명하면 농사를 중심으로 교육, 문화, 예술이 공존하는 생태문화공동체를 만드는 것이다. 농사는 문화학교 숲의 사업들의 근간이지만 제대로 하고 있지는 못하다. 일주일에 이틀은 교육 프로그램이 있어서 수업 준비와 진행을 위한 날을 제외하면 농사에 투자할 수 있는 시간이 그리 많지 않다. 이렇게 시간 여유도 없고 농사에 대한 경험도 없다 보니 처음에는 농사를 배우는 데 집중하기로 했다. 이 외에 지렁이 사육도 시도해 보고, 지역 대학생과 함께하는 프로그램도 기획하고 대학생 농활도 진행하면서 농촌 지역에서의 지속 가능한 삶에 대해서도 모색해 보았다. 그 뒤 농촌 지역에서의 청년들의 삶에 대한 고민이 점점 커져 갔는데 이 이야기는 뒤에서 다시 나누기로 하고 문화학교 숲의 가장 큰 활동인 문화예술교육을 먼저 소개하겠다.

삶이 교육이다

문화학교 숲은 일상에서의 문화예술교육을 통한 삶의 변화를 꿈꾼다. 교육에 참여하는 참가자들 대부분은 괴산 지역의 어린이, 어른, 어르신들이다. 때때로 타 지역에서 수업을 진행하기도 하고 '짧은 학교', '여름, 겨울 계절학교'를 할 때는 멀리 서울, 경기, 대전, 청주 등에서 사람들이 찾아오기도 했지만 지금의 공간으로 옮기고 나서는 대부분 괴산을 중심으로 수업을 진행하고 있다.

문화학교 숲에서 하는 대부분의 수업에서는 교육에 참여하는 사람들이 서로의 삶을 나누고 이야기로 정리한다. 상상력을 발휘하여 새로운 이야기를 만들어 내기도 한다. 우리가 손수 만든 이야기들은 글, 연극, 인형극, 그림, 시 등 다양한 미디어를 활용하여 표현하고 공연한다. 이러한 과정을 통해서 교육에 참여한 참가자들이 다른 사람과 의미 있는 '관계'를 맺고, 이 '관계를 통한 성찰'의 과정과 결과로 자신과 주변의 삶을 가꾸는 힘을 키운다고 생각한다. 자기 삶의 주인으로 살아가도록 돕는 것, 이것이 문화예술교육의 참뜻일 것이다.

문화학교 숲의 교육 프로그램은 매년 변한다. 나날이 새로워지는 아이들과 지역의 요구를 고려하여 그때그때 고민하여 새로운 수업들을 열고 있다. 2015년에는 어린이들이 이야기를 쓰고 인형을 만들어 공연하는 '창작 인형극 만들기', '멀티미디어 동화 창작 교실', 조상들의 지혜가 담긴 전래놀이를 통해 즐겁게 뛰놀며 몸과 마음을 키우는 '가슴 펴고 어깨 걸고', 어린이가 생명을 손수 심고 가꾸어 길러 내 요리하고 그 과정을 기록하고 표현하는 '어린이가 손수 가꾸는 보글보글 농장 이야기'를 운영하였다. 2014년에는 괴산두레학교에서 어르신과 함께 자신의 생각을 사진으로 표현하는 '사진 속에 숨은 이야기'를 운영하였다. 지역아동센터, 초등학교, 괴산다문화가정지원센터, 괴산두레학교 등 지역과 연대하여 수업이 진행되고 있다. 그중 대표적인 세 개의 프로그램을 소개하려 한다.

"우리도 요리할 수 있어요"
– 어린이가 손수 가꾸는 보글보글 농장 이야기

매주 수요일, 문화학교 숲 텃밭에는 꼬마 농부들의 웃음꽃이 피어난다. '어린이가 손수 가꾸는 보글보글 농장 이야기'에 참여하는 아이들은 문화학교 숲에 도착하자마자 자기가 심고 가꾼 작물 앞으로 달려간다. 아이들은 작물 앞에 쪼그려 앉아 말을 건다. "안녕, 잘 있었니?" 어

▲ '어린이가 손수 가꾸는 보글보글 농장 이야기' 수업에서 2주에 한 번은 요리를 한다. 텃밭에서 수확한 재료로 요리를 하기도 하고 주제를 정해 음식을 만들기도 한다. 이날은 가정식 백반을 주제로 모둠별로 요리를 했는데 아이들은 계란말이도 능숙하게 만들어 냈다.

▼ 2015년 봄, 지독한 가뭄이 계속되자 아이들이 기우제를 기획하여 제를 올렸다. 자신이 스스로 제물이 된 아이도 있고, 눈물 인형을 만들어 비가 오게 하려는 아이도 있었다. 신기하게도 그날 저녁 비가 내렸다.

떤 아이는 일주일 동안 조금밖에 안 자랐다고 투덜거리기도 한다. 그리곤 작물들이 목이 말라 보인다며 직접 물을 떠다 주기도 한다. 물로는 부족해 보였는지 퇴비를 한 움큼 쥐어 작물 한편에 뿌리며 "잘 자라"라고 힘도 준다.

따스한 4월, 감자 심기를 시작으로 옥수수, 배추를 공동 작물로 심고 가꾸었다. 토마토, 수박, 참외, 호박, 오이 등의 열매채소와 당근, 고구마와 같은 뿌리채소도 아이들 손에 쑥쑥 자라났다. 매년 아이들의 정성과 마음이 더해진 덕에 지난해에도 텃밭 농사는 풍년이었다. 하지만 위기도 있었다. 한 해 마지막 작물인 배추를 키울 때의 일이다. 텃밭에 이식한 지 얼마 안 된 배추가 자꾸 달팽이의 습격에 힘을 쓰지 못했다. 더 이상은 안 되겠다 싶어 아이들과 달팽이를 잡기로 하였다. 허나 아이들은 달팽이를 죽일 수 없다며 집에 가서 키우겠다고 종이컵에 담아서 배춧잎까지 떼어 먹이로 주었다. 심지어 어떤 아이는 달팽이도 먹고살아야 한다며 자신은 잡지 않겠다고 선언을 하고 구멍이 숭숭 뚫린 배추를 바라보기만 했다. 그 다음 주 수업 시간, 집으로 가져간 달팽이가 어떻게 되었냐고 아이들에게 물으니 모두 탈출해 없어졌다고 하여 한바탕 실컷 웃기도 하였다.

2주에 한 번은 텃밭에서 나는 수확물과 다양한 자연의 산물을 재료로 요리를 하였다. 아이들이 요리하는 모습을 볼 때면 세상에 이만한 놀이가 있을까 싶다. 재료 다듬기, 썰기, 볶기, 삶기, 무치기 등 모든 요리 과정들은 아이들에게 가장 신나는 놀이이다. 재료를 다듬다 갑작스레 서로 합을 맞춰 난타를 하기도 하고, 갖가지 알 수 없는 여러 양념이 들어간 자신들만의 특급 소스를 만들며 매우 뿌듯해하고 만족스러워한다. 배추를 수확해 김장을 할 때는 자연스레 노래가 나오는지 "김치를 버무려~ 김치를 버무려~"라고 흥얼거리기도 하였다. 흔히 아이들이 요리를 직접 하는 것은 위험하다고들 생각한다. 부엌에는 날카로운 조리 도구, 뜨거운 불 등 주의해야 할 것이 많고 아이들이 칼질을 하는 것도 위험천만해 보인다. 하지만 아이들은 요리에 금방 익숙해지고 편안해졌다. 그렇게 만든 꼬마 요리사들의 음식은 정말로 꿀맛이다. 아이들은 우리가 만든 음식이 세상에서 제일 맛있다며, 엄마가 해 준 것보다 더 맛있다며 맛나게 먹었다. 이렇게 재료 준비와 만들기, 상 차리기, 설거지 같은 요리 과정에 아이들이 스스로 참여함으로써 '먹는 일'에 대해 두루 살피고 경험하며 성찰할 수 있었다. 손수 키운 작물을 수확하여 요리하며 신이 나 노래를 흥얼거리는 아이들의 모습을 보면서 '천국이 따로 없구나'라는 생각이 들었다. 잘 먹고 잘 노는 아이들을 보는 것만큼 더 큰 행복이 또 있을까?

먹는 일의 주인으로 선다는 것은 내 삶의 주인으로 서는 것이다. 아이들은 작물을 키우고 요리를 하면서 삶의 주인으로서 당당히 서는 법을 배웠다. 이러한 공부는 자연과 사람을 통해서 얻을 수 있는 소중한 배움이다. 작물이 잘 자라날 수 있도록 늘 마음 써 준 아이들과 이 아이들을 도와준 하늘과 바람, 해, 모두 모두 고맙다.

놀아 본 아이가 잘 논다
– 가슴 펴고 어깨 걸고

매주 화요일 낮 4시, 아이들은 문화학교 숲에 오자마자 나를 부르며 묻는다. "샘! 샘! 언제 놀아요?" "오늘은 무슨 놀이 해요?" 놀고 싶어 안달 난 아이들은 기다렸다는 듯이 나에게 질문을 쏟아 낸다. 도시든 농촌이든 지금의 아이들은 놀이를 할 시간도, 장소도 마땅하지 않다. 막상 놀 시간이 생겨도 '어떻게' 놀아야 할지 몰라 막막해하거나 혼자 컴퓨터 앞에 앉아 있거나 스마트폰을 두드리기 일쑤이다. 이런 아이들의 현실이 너무도 안타깝고 답답해 고민을 하다 전래놀이를 하며 실컷 놀 수 있는 수업을 만들어야겠다는 생각이 들었다. 신나게 원 없이 놀고 난 아이들이 만들어 내는 이야기와 표현하기의 과정들이 궁금하기도 했다. 1년간 아이들과 수많은 전래놀이를 하며 놀았다. 초반에는 놀 줄 몰라 놀이에 흥미를 느끼지 못하던 아이들이 놀다 보니 이제는 놀 줄 안다. 그것도 매우 잘 논다. 잘 논다는 것은 놀이에 재미를 느낀다는 것이고, 재미를 느끼려면 놀이에 대한 이해가 기본적으로 필요하다. 놀이를 이해한다는 것은 규칙을 익히며 타인과의 갈등을 해결하고 어울려 사는 법을 알게 된다는 것이다. 신나게 놀고 나면 아주 개운한 것이 놀이만 한 것이 없다. 그 개운함 속에서 아이들은 이야기를 만들었는데, 감정이 사라진 사람들이 사는 마을에 우연히 떨어진 아이들이 전래놀이를 알려 주며 사람들의 감정을 되살려 주고 행복하게 살게 도와준다는 줄거리였다. 아이들은 놀이를 하며 자연스레 이런 삶의 진리를 배웠나 보다.

① '가슴 펴고 어깨 걸고' 수업에서 산가지 높이 쌓기를 한 후 줄자로 높이를 재었다. 두 모둠 모두 1m를 훌쩍 넘고 거의 비등하여 다 같이 숨을 죽이고 지켜보고 있다.

② 두 모둠으로 갈려 '개뼈다귀'란 놀이를 하고 있다. 혼자만 살아남는다고 해서 이길 수 있는 게임이 아니라 함께하는 게 중요하다.

③ '가슴 펴고 어깨 걸고' 수업에서는 직접 놀잇감을 만들어 놀기도 하는데 이날은 대나무 물총을 만들어 운동장에서 신나게 물총 싸움을 하였다.

할머니에게도 꿈이……
– 사진 속에 숨은 이야기

지난 2010년, 배움의 기회를 놓친 어르신들이 한글, 수학, 영어, 한자 등을 배워 일상생활에서 불편함 없이 읽고 쓰실 수 있도록 돕기 위해 괴산군에서 '문해교사 양성 교육'을 진행했다. 이 과정을 이수한 문해교사들이 '괴산 문해교사회'를 만들고 함께 뜻을 모아 '괴산두레학교'를 열었다. 괴산두레학교는 비영리 자치학교로, '괴산 주민들의 평생학교'로서 누구든지 배우고 가르치며 스스로의 삶을 가꾸어 나갈 수 있도록 이끄는 학교가 되려고 한다.

'사진 속에 숨은 이야기'는 괴산두레학교와 함께하는 프로젝트인데 괴산 주민과 비문해 노인이 서로 만나 시대와 세대를 잇고, 각자의 기억과 꿈을 공유하며 서로 의지하는 친구로 살도록 돕는 기회를 갖도록 하였다. 기록과 표현의 대표적 도구인 사진기에 보통의 풍경을 담아 무심코 지나쳤던 일상의 아름다움을 새롭게 발견하고, 그 풍경 속에 숨은 이야기를 발견하여 서로 나누었다. 이야기를 나눌 때마다 서로 눈물을 훔치며 각자의 회한을 보듬어 주기도 하고 다함께 한바탕 웃으며 서로의 인생을 축복해 주기도 하였다. 웨딩드레스를 입고 신식 혼례 사진을 찍기도 하고 족두리를 쓰고 전통 혼례 사진을 찍기도 하며 어여쁜 새색시의 모습으로 돌아가 보기도 하였다. 또한, 본인의 소망을 이룬 미래의 모습을 설정하여 사진을 찍으며 이루지 못한 꿈을 경험할 수 있는 시간을 가졌다.

▲ '사진 속에 숨은 이야기' 수업에서 어르신께 카메라 조작법을 설명해 드리고 있다. 자꾸 까먹어서 여러 번 물어보게 된다며 항상 미안해하신다.

▼ '사진 속에 숨은 이야기'의 어르신들과 웨딩 사진 찍기를 마무리한 후 괴산두레학교 선생님들과 함께.

8개월여의 기간 동안 나누었던 이야기를 간추리고 묶어 하나의 이야기로 만들어 그동안 찍은 사진들을 바탕으로 영상을 만들었다. 어르신들이 직접 성우가 되어 출연하였다. 부모를 위해, 자식을 위해, 남편을 위해 평생을 헌신하느라 한 번도 인생에서 주인공이 되지 못했던 할머니들이 주인공이 되는 잔치 마당(공연과 전시)을 선보인 것이다. 노인 세대가 자손 세대, 그리고 젊은 귀농인들과 소통하고 교류할 수 있는 소중한 기회였다.

농촌에서의 지속 가능한 삶

2013년, 문화학교 숲이 만들어지고 1년여를 정신없이 활동하고 마무리하는 시점에서 문득 고민이 들었다. '지금 농촌에서 가장 큰 문제가 무엇일까?' '지금 이곳 괴산에서 가장 중요한 문제가 뭐지?' '지속 가능한 삶을 위해서 필요한 것은?' 이 고민에 대한 답은 바로 청년이었다. 공동체, 교육, 문화, 농사도 중요하지만 청년이 없는 것이 가장 큰 문제라고 생각되었다. 지금의 터전으로 옮기고 나서 가장 아쉬운 점은 청년들과의 만남이 소원해졌다는 것이었다. 새로운 공간은 신기학교처럼 마음껏 농사를 지을 수 있는 밭도 없고, 땀과 노력을 들여 꾸밀 만한 공간도 없다. 숙식할 곳도 좁아서 사람들이 와서 지내기에도 마땅치 않다. 일거리가 없고 숙식 공간의 한계도 있으니 청년들의 발길이 점점 뜸해졌다. 이때부터 농촌에서 청년들과 어떻게 만나야 할까 하는 고민이 생겨나기 시작한 것 같다.

청년을 오게 하려면 그들을 담을 수 있는 그릇을 먼저 만들어야만 한다. 청년이 모이면 다양하고 창의적인 그릇의 모양과 쓰임들이 만들어진다고 본다. 내가 괴산에 뿌리내릴 수 있었던 과정을 돌이켜보면 늘 든든한 지원자가 되어 준 분들이 있었다. 이분들이 없었더라면 내가 이렇게 오래 이곳에서 살지 못했을 것이다. 신기학교에서는 교육, 농사, 목공, 문화예술, 지역 활동 등 무엇이든 내가 하고자 하는 의지만 있으면 나의 열정을 불태울 수 있었다. 그곳의 선생님들은 항상 나의 의지와 열정에 손을 내밀어 나를 이끌어 주었고 동료들은 또 다른 손을 얹어 나를 밀어 주는 동력이 되곤 하였다. 내게는 신기학교라는 배움터가 있었기에, 좋은 스승과 동료가 있었기에 이곳에 뿌리내리는 과정이 그리 어렵지 않았다. 이제는 내가 그동안 받은 만큼 농촌에 오고자 하는 청년들, 후배와 내 동료들에게 돌려주고 싶다. 농촌에 대해 막연한 기대감과 두려움을 갖고 있는 청년들에게 농촌을 이해할 수 있는 배움터 역할을 수행하고 다양한 삶의 방식을 만들고 꾸릴 수 있는 환경과 조건을 만들고자 한다. 이러한 계획은 2014년에 삼선재단의 '농촌 지역 활동가 인턴십 프로그램'의 지원을 받고 괴산 한살림의 도움을 통해 농장과 집을 무상으로 임차해서 사용하면서 조금씩 실행에 옮겨지고 있는 중이다. 2년 전부터 관계를 맺어 온 지역의 대학생들과 집을 수리하고 농장을 꾸리는 일들을 같이하며 새로운 청년들을 맞을 준비도 하고 있다. 2015년에는 삼선재단의 '농진로 베이스캠프' 사업 지원을 통해 공간을 리모델링하여 청년이 머무를 수 있는 공간과 모임 공간을 마련했다. 이 사업이 마무리될 즈음에 청년 두 명이 찾아와 이곳에서 함께 지내며 '베이스캠프'의 역

괴산 지역의 중원대 학생들과 함께한 농활.
대학생 스무 명과 이천 평 정도 되는
묵은 밭의 돌을 골라내는 작업을 하였는데
경운기로 스무 번은 실어다 버린 듯하다.

할을 하고 있다. 또한, 2년간 세 번의 대학생 농활을 진행하였는데 기존의 전형적이고 관습적인 농활을 탈피해서 대안적인 농활을 만들기 위해 대학생들과 공동 기획을 하였다. 한살림운동을 시작으로 30년간 유기농업을 해 온 안상희 선생님의 철학과 농사일을 배우고 공유하는 시간을 갖기도 하고, 브레히트의 희곡인 〈동의자와 거부자〉를 강독하고 각색하여 공연하며 농촌과 공동체에 대한 생각을 정리하고 나눌 수 있었다. 앞으로도 청년을 만나기 위한 다양하고 새로운 시도들은 계속 이루어질 것이며 베이스캠프 사업의 연장으로 청년과 함께하는 프로그램을 고민하고 있다.

10년 전, 내가 처음 괴산에 왔을 때 허우대 멀쩡한 놈이 시골에 왔다며 '또라이'라는 말을 많이 들었다. 사람들의 시선이나 평가에 얽매이지 않고 신나게 일하며 놀고 사람들을 만나다 보니 30대가 넘었다. 이제는 문화예술교육을 진행하는 '선생님'으로 생각해 준다. 그동안 살아오며 어떤 삶이 좋은 삶인지에 대해 따지기보다는 내가 하고 있는 일의 가치를 확신하며 살아왔다. 농촌의 가치를 발견하고 새로운 가치를 생산하는 일, 그 가치와 의미를 많은 사람들과 나누는 일, 같은 뜻을 가진 사람들과 함께 공부하고 걸어가는 일 등. 지금 당장 눈에 보이는 성과는 없다. 하지만 지금의 움직임이 씨앗이 되어 멀지 않은 미래에 꽃을 피우리라 확신한다.

문화학교 숲을 소개합니다

문화학교 숲은 삶이 교육에 앞서는 것이며 '무엇을 배울까, 어떻게 배울까'를 아이들 스스로 결정하도록 돕는 것이 참교육이라 생각합니다. 참교육을 일구며 지금 여기에서 교육, 문화, 농사를 통해 삶의 의미와 가치를 배우고 함께 가꾸려 합니다. 우리가 살면서 배우는 소중한 가치는 대부분 돈으로 살 수 없는 것이고, 사람과 자연의 힘은 농촌에서 꽃피는 것이기에 우리는 농촌의 삶을 귀하게 여깁니다.

조상의 지혜가 담긴 전래놀이를 통해 즐겁게 뛰놀며 몸과 마음을 키우는 '가슴 펴고 어깨 걸고', 어린이가 생명을 손수 심고 가꾸어 길러 내 요리하고 그 과정을 기록하고 표현하는 '어린이가 손수 가꾸는 보글보글 농장 이야기'와 '신나는 요리 교실', 자신의 생각을 사진으로 표현하는 '사진 속에 숨은 이야기'와 같은 문화예술교육 프로그램을 운영합니다. 살면서 필요한 일을 스스로 해결하고, 일과 놀이와 예술을 분리하지 않고 하나의 고리로 엮는 문화예술교육을 통해, 나를 사랑하고 우리를 키우며 삶을 아름답고 가치 있게 가꾸려 합니다.

- 주소 (28057) 충북 괴산군 문광면 광덕1길 5
- 이메일 coldnewss@gmail.com
- 전화 043-832-7984, 010-5112-4743(임완준)

이름 따라 간다더니, 다음번엔 이름을 딴따라로 지을까?

충남 금산 **별에별꼴**

보파(민지홍) golapaduck22@gmail.com

'아부지가 지어 준 이름이 싫다고
바꿨는데 어찌겠어'라고 투덜투덜하는
아빠를 보면서도 '보파'라는 별명을 주로 사용하고 있다.
캄보디아 말로 '세상의 꽃'이라는 의미를 지닌,
우리로 치면 옛날에는 영희, 순이 같은 흔하디흔한
이름이지만 이 이름을 얻은 그 언저리 즈음 나의 삶은
다른 영역의 궤도를 그리기 시작했고,
큰 삶의 변화를 시도했다.

2015년, 별에별꼴의 시작을 알리며.

2015, 혼돈의 연장선

'흩뿌려진 별이었다가,
연결되어 모양이 만들어지기도 하는,
자유로운 밤하늘을 닮고 싶은'
이라며,

2014년 봄의 좌충우돌 별에별꼴 이야기를 《오늘의 교육》(2014년 7·8월호)에 실었던, 그 여름이 한 해가 훌쩍 지나고도 모자라 겨울 속에 있다. 두 살이나 늙었다. 별로 체감온도가 없다가, 일주일 전 이 글이 다른 지역 청년 단체들과 함께 책에 실린다는 소식을 받고 서둘러 다시금 읽어 보았더니 두 살이나 늙은 것이다. '앗 뜨거워!' 이제야 실감이 난다. 나이를 먹은 것이 서글프기보다 '우리 참 치열하게 살았구나'라고 중얼거리다가 지난 세월이 새록새록 연기처럼 피어올라 눈이 따갑다. 눈물이 글썽여지기도 하고, 못내 아쉬운 점도 많고, 토닥토닥 스스로 위로하기도 한다, 지금.

2014년, 공동체를 실험하는 2년 차였던 그 당시에도 별에별꼴은 자립 공동체로서 존재하기 위한 갖가지 시도로 카오스 상태였다. 시골에 내려와 공동체를 이루며 함께 살아가려는 우리의 생활은 자연농으로 농사짓기, 주거와 에너지 공부하고 실험하기, 재미난 공동체 문화 만들기, 동물과 같이 살기, 예술과 교육으로 수익 구조 만들기, 건강한 생활 습관 만들기, 인문학 공부하기 등 개인과 공동이 하고 싶은 일과 해야 하는 일과 할 수 있는 일들 사이에서 균형을 이루지 못했다. 주도권을 '일'이라는 녀석에게 넘겨주었고 일은 일을 계속 낳았다. '살림'이라는 단어가 얼마나 높고 깊은 말인지, 시간의 경험치가 축적되어 조화를 이루어야 하는 일인지 알 수 없었던 우리는 이 또한 역시 무모하게, 무지하게 달려들었고, 몸과 마음은 지치고 일정은 꼬여 갔다.

  삶에 대한 여유를 가지고 자연과 조화를 이루며 살고 싶어 시골에 왔지만 나 스스로가 바로 서지 않는다면 도시에서든, 시골에서든 삶이 어려운 것은 매한가지다. 그런데 개인이 삶의 주체로서 바로 서 있다고 하더라도(생활의 무엇 하나 주체적인 삶을 감히 상상하기 어려운 자본주의사회에 살고 있지만) 공동체 안에서 함께 살아가려면 서로에게 솔직할 수 있는 용기가 참말로 필요하다. 특히 서로를 아끼고 사랑하는 관계에서는 더욱이 진실된 나의 마음을 보는 것이 어렵다. 그 사람을 이해하고 포용하고 싶은 사람이 되고 싶기 때문이다. 주체적인 삶을 살면서 또 함께 호흡하고자 했던 우리들은 위의 많은 일들을 소화하려고 노력하면서 서로를 아끼는 마음과 동시에 공동체 안에서 사적인 개인의 시공간 부족으로 오는 심적 부담감의 부조화로 '저질 배려'(지난 시간들을 돌아보면서 새로이 우리가 명명한)라는 것을 하기 시작한다. 저질 배려란 간단하게는 '그때는 괜찮은데 지금은 안 괜찮은 것' 또는 '나를 갉아먹으면서 남을 배려하는 것'이라고 말할 수 있겠다. 관계에 있어서 공동체를 위해 나보다 남을 배려하는 것은 괜찮다고 생각했고 그런 줄 알았다. 이 배려는 한두 번의

충남 금산의
(구)건천초등학교에 자리 잡은
별에별꼴의 대문.

단발적인 배려가 아니다. 일과 생활이 분리되지 않는 공동체의 삶 속에서 지속적인 마음 씀씀이까지 포함된다. 그로 인해 2014년 한 해가 많은 일의 연속선상에서 마무리될 쯤 우리는 모두 지치고 힘들었다. 에너지가 바닥일 때, 그때에는 괜찮아서 선뜻 내주었던 '배려'의 마음들은 저마다 개인들에게 상처들로 남겨졌다. 이 상처들과 감정들을 인정하기도 보기도 두려웠던 별에별꼴 식구들은 그 모습을 숨긴 상태로 부족하고 공허한 부분을 채우기 위해 다른 도전을 해 보기로 결정한다. 해외로 장기 여행을 가는 식구, 집으로 돌아가 당분간 가족에게 충실하기로 한 친구, 가족 일을 돕는 친구 등. 저마다의 새로운 실험을 해 보기 위해서 헤어졌지만 그것은 다시 별에별꼴로 돌아오기 위해 무던히 애를 쓰는 모습이라는 것을 서로 알기에 슬펐다.

그래서 2015년 별에별꼴은 쉬었는가 하면, 아니다. 이런 별에별꼴의 상황을 앎에도 불구하고 별에별꼴에서 살고 싶은 친구들은 생겨났다. 별에별꼴이 처한 어려움과 한계도 크지만 청년들이 하고 싶은 일을 실험하기에 별에별꼴만큼 괜찮은 실험의 장도 또 없기 때문이다. 관계와 살림의 능력 부족에 어려움을 겪었지만, 또한 무한한 가능성이 열려 있기 때문이다. 2014년의 '공동체 행사 일은 최소한', '외부 자본 투입 금지', '먹거리 자급', '개인 작업 최대화' 등의 선배들의 피드백을 받아들여 2015년의 별에별꼴 공동체살이를 꾸린 식구들은 별에별꼴 원년 멤버 보파와 흙부대 생태 건축 실험으로 생태 화장실 만들기에 참여했던 민정, 별에별꼴이 진행했던 금산간디계절캠프에 자원봉사로 참여했던 째곰, 별에별꼴의 시작을 함께 만들었던 필리핀 간디학교 졸업생 선명, 종운,

2014년, 별에별꼴을
살아 냈던 식구들.
왼쪽부터 웅, 유진, 창원, 키다리, 오주,
트럭 너머에 있는 분은
언제나 우릴 도와주시는 마을 길동 아재.

광연 이렇게 기존 식구 한 명에 새 식구 다섯 명으로 구성되었다.

새 식구들은 그 전에도 별에별꼴의 친구들이었지만 역시나 새로운 공간에 적응하는 일은 쉽지 않았다. 지난 세월의 교훈을 따라 생존에 필요한 먹거리 자급을 위한 농사일을 제외하고는 공동의 일을 최소한으로 줄이고 개인의 생활과 작업 시간을 늘렸다. 2년의 마을기업 지원 사업을 끝으로 외부 지원 사업은 받지 않기로 했고, 개인 삶에 영향을 미칠 수 있는 방송 촬영과 언론 인터뷰들도 모두 거절했다. 별에별꼴의 그 어떤 가치보다 이곳에 사는 식구들이 행복하기 위한 일들을 최우선으로 결정했다.

우리는 닮음 닮음 진행 중, 깨달음은 언젠가 오고야 말겠지

그래, 어느 날 갑자기 별에별꼴이 뚝딱 생겨 버린 것은 아니기에. 우리들의 욕구도 있었지만 시대의 필요성도 있었을 것이며 그때에 모든 에너지가 별에별꼴이 만들어지는 것에 기여했다. 꽃 한 송이를 피우기 위해 온 세상이 화분이듯이 모든 존재는 연결되어 있기에. '보는 것, 보이는 것, 보이지 않게 되는 것, 보이지 않는 것을 본다'라고 할 때 별에별꼴을 본다는 것은 과거와 현재와 미래의 영속 선상에서 존재하는 것이다. 그래서 지나간 별에별꼴의 실수와 상처들이 아팠지만 괜찮고, 지금의 모습들이 아름답고, 앞으로의 두려움 역시 견뎌 낼 수 있는 것이다.

별에별꼴은 지난 3년간의 실험으로 깨달음 진행 중에 있는 것이 있다. 하나는 순간순간 내 마음을 바로 볼 수 있는 것이 필요하다는 것이다.

별에별꼴의
가을 풍경.

그때그때의 알아차림은 참으로 어렵다. 우리는 부처도 아니고 신도 아니기에 연습이 필요하다. 이 기능은 별에별꼴처럼 작은 공동체에서는 특히 필요성이 부각되지만, 우리의 삶을 살아감에 있어서도 꼭 필요한 능력일 것이다. 따라서 이 능력이 절실하게 필요하다고 생각한 몇몇의 별에별꼴 식구들은 다양한 방법으로 명상과 수행을 하고 있다.

두 번째는 알아차림의 마음을 솔직하게 언어로 고백하는 것이다. 공동체살이는 관계가 중요하다. 특히 사람과의 관계에서는 너무 긴밀해도 너무 분리되는 것도 아닌, 개인과 공동체의 상황에 따라 긴밀한 순간도 분리되는 순간도 필요할 것이다. 무엇보다 나 자신에게 가장 솔직하고, 그 솔직한 마음을 언어로 온 힘을 다해 표현할 때 어려웠던 관계들은 풀리기 시작한다. 이때 솔직함의 표현은 개인의 감정이 아니라 그 감정이 생기게 된 본질적인 원인에 집중해야 한다. 주로 인간의 행동에는 상대방에 대한 기대가 들어 있다. 기대와 관심이 잘못된 것은 아니다. 그러나 내가 상대방에게 기대와 관심을 바랐던 지점을 아는 것은 필요하다.

세 번째는 서로 별에별꼴에서 살기 위한 최소한의 조건들을 솔직하게 꺼내고 그 조건들을 채우기 위해서 공동체 식구들은 다 같이 힘을 기울이는 것이다. 이 조건들에는 '하루에 한 시간 나 혼자인 시간이 필요해', '일주일에 한 번 화장실 청소를 했으면 좋겠어', '먹거리 자급을 하기 위해 농사를 크게 목적으로 둔 남자 한 명이 필요해' 등 작은 것들부터 어려운 것까지 다양하다. 함께 살기 위해 개인에게 필요한 최소한의 것들을 공동체에서 함께 고민하고 해결해 나가려고 노력하는 것이 진정한 공동체의 모습이 아닐까?

벼는 베는 일보다
털고 말리는 일이 곱절이다.
곱게 곱게 나락을 말리는 째곰.

이렇게 진행 중인 '달음'이 '깨달음'이 되면 우리는 지속 가능한 공동체가 될 수 있을까?

2015년에는 그동안 별에별꼴에 짧게 혹은 길게 지나간 식구들과 현재 별에별꼴 식구들(여기엔 건천리에 자리하고 있는 별에별꼴에 주거하는 이도 있고 잠시 다른 공간에 머무는 이도 있다)과 함께 식구들의 근황을 살피면서 정체되어 있는 별에별꼴의 모습을 발견했다. 별에별꼴에 함께 있으면 참 즐겁고, 서로 사랑하지만, 이곳에서 자유롭지 못한 우리의 모습을 발견하면서 별에별꼴의 미래에 관한 어떠한 이야기도 꺼내기가 어려웠다. 식구들은 별에별꼴에서 받았던 아물지 않은 상처들과 감정들을 가지고 있었고, 이것들을 어떻게 치유할 수 있는지 알 방도가 없었다. 이 문제점을 인식한 별에별꼴의 몇몇 식구들은 여러 차례 만나 고민하고 이야기하기 시작했고, 장례식을 기획하게 된다. 이름 하여 '별에별 장례식'. 지난 3년의 과정을 살피고 우리의 미숙하고 부족한 부분을 인정하지 못해 서로에게 주었던 상처와 아픔들을 잘 보내고자 하는 의미가 담겨 있다. 일 년 중 밤이 가장 긴 날을 선택했다. 12월 22일 낮 1시 즈음, 별에별꼴의 주변에 팥을 뿌리며 시작해 장례상을 차려 식구들과 조문객들 누구나 잘 보내 주고 싶은 저마다의 상처와 사건들을 종이에 써서 낭독하고 태웠다. 식구 개인들의 이야기도 풀어냈지만 별에별꼴의 처음과 지금까지의 역사 역시 낭독되고 보여지고 기억되었다. 누군가는 이상하고 엉뚱한 일이라고 생각할지도 모르지만 매일이 바쁘고, 정신을 바로 챙길 수 없는 사회에서 우리는 정작 중요한 것들을 놓치고 살아가는 것이 아닌가 하는 생각이 요즘 자주 든다. 아픔과 고통이라는 감정이 나

별에별꼴, 얼쑤!
눈으로 들어와 온몸을 물들이는
이 가을을 제대로 즐길 줄 모른다면
그것은 죄일지도!

쁜 것일까? 이왕 아픔과 고통이라는 감정들이 지금 나를 통과해 갈 것이라면 정면으로 마주하고 그 감정들의 심연에서 눈떠 보는 경험은 어떤가. 이성복 시인은 아픔이라는 감정은 '살아 있음', '살아야겠음'의 다른 표현이라고 했다. 별에별꼴의 이 아픔의 과정도 앞으로 살아야겠음의 의지이고 표현이라면, 그 아픔을 잘 보듬고 치유해서 보내는 일 없이는 우리의 미래도 이야기될 수 없겠다. 그래서 우리는 별에별꼴의 미래를, 다음을 이야기하기 위해서 장례식을 치렀다.

그럼에도 불구하고 별에별꼴은

별에별꼴의 처음은 아무런 준비 없이 무작정 시골살이를 결심하고 실행에 옮긴 두 처자의 우여곡절로부터 시작된다. 별에별꼴의 첫 시작을 함께 만들었던 효식은 무엇이든 과하게 넘쳐나는 도시가 싫고, 몸과 마음이 여유로울 수 있는 시골에 살고 싶어 시골살이를 시작한 친구이다. 나는 대안학교 교사가 되고 싶어 금산에 왔고, 고등과정 이후에 대안적인 삶을 배우고 공부하는 청년들의 공간이 없는 문제를 효식과 함께 고민하다 별에별꼴을 꿈꾸게 되었다. 처음에는 돈이 없어서 두어 달은 금산 간디학교 교장 선생님 댁과 친구 집을 오가며 얹혀살기도 했다. 부모님과 주변 사람들에게 우리가 하고자 하는 것을 정확히 전달하고 이해를 구하는 것도 쉬운 일이 아니었다. 가장 힘들었던 점은 우리가 꿈을 꾸는 이야기들을 이해하는 사람이 많지 않았다는 점이다. 현실에서는 어림도 없는 이야기라고 부정하는 사람도 있었고 도시에서 전문성을 기

지속 가능한 별에별꼴을
상상하기 위한 공부,
'퍼머컬처 72시간 디자인 코스 in 별에별꼴'.

르고 오라며 충고를 해 주는 사람도 있었다. 따라서 차츰 우리는 우리를 이해해 주는 사람들을 분류해서 만나기 시작하였고 지역에서, 시골에서 활동하는 젊은이들을 찾아다니기 시작하였다. 그러면서 우리는 지극히 일방적인 언어로 우리를 표현하고 있다는 것을 알았다. 상대방의 언어에는 귀 기울이지 않고, 배려하지 않은 우리의 실수를 알아차렸다. 그래서 우리는 객관적이고 누구나 다 알 수 있는 쉬운 언어로 우리가 하고자 하는 일을 설명하는 연습을 했다. 그러던 중 우연히 가톨릭농민회에서 일하는 조창을 알게 되었고 별에별꼴의 가치관과 비전에 동의하고 응원하여 주셔서 가톨릭농민회 소속인, 지금 별에별꼴이 자리하고 있는 구 건천초등학교로 들어오게 되었다. 사용하는 사람이 아무도 없이 5년 동안 홀로 남겨져 있던 폐교였다. 그래서 첫 시작에 전기, 지하수 펌프, 가스, 수도, 화장실 등 뭐 하나 우리 손을 거치지 않은 곳이 없었다. 그 허름한 폐교를 보고 뛸 듯이 기뻐만 한 것을 생각하면(뭐 하나 할 줄 아는 게 없으니 앞으로 어떤 고생을 하게 될지 알 턱이 없지……) 무지함이 얼마나 무모한 용기를 주는지를 깨닫는다.

시골에 사는 청년들의 공동체가 지속 가능하기 위해서는 무엇이 필요할까?

별에별꼴이 본격적으로 청년공동체로 흘러가기 시작할 때, 우리는 우리와 같은 청년들이, 집도 절도 없이 시골에 살겠다는 의지만 가지고 오랫동안, 진심으로 오랫동안 살아갈 수 있을지에 대해서 고민했다. 그래서 찾은 '청년이 시골에 살기 위해 필요한 네 가지'는, 자립할 수 있는 (시골에서 할 수 있는 재미난) 용돈벌이, 문화적 갈증을 해소할 수 있는 문화들, 그리고 함께 살아가는 친구이자 동료들, 마지막으로 함께 공감하는 정체성과 비전이다. 이러한 것들이 충족된다면 어떤 두려움과 걱정 없이 시골에서 청년들이 그들의 꿈을 꾸면서 살아갈 수 있지 않을까. 그것이 우리가 상상하는 청년공동체의 모습이 아닐까 했던 것이다. 처음 구상했던 날부터 3년이 지난 지금에도 이 이야기가 맞는지에 대해서는 조금 더 고민해 보아야겠지만, 별에별꼴은 이 네 가지를 일상에서 만들어 내며 청년들이 지속 가능하게 살아갈 수 있는 어떤 구조를 만들어 가기 위한 실험으로 무던히 애쓰고 있는 중이다.

별에별꼴은 주로 오전 4시간은 모두가 모여 공동 노작을 한다. 농사, 살림 등 공동체 생활에 필요한 일이다. 그리고 점심 식사 후 오후 시간은 개인적으로 혹은 프로젝트 팀별로 자유롭게 사용한다.

3년의 흐름을 생각하며 별에별꼴의 정체성을 나타내는 활동을 소개하면 식구회의, 식구체험데이, 노임팩트 No Impact 데이, 알고보니캠핑페스티벌, 논농사가 있다. 먼저, 식구회의는 일주일 동안 식구들이 생활하면서 느꼈던 감정들을 서로 나누고 격려하고, 앞으로의 한 주를 에너지 넘치게 보내기 위한 회의다. 회의 전에 회의 분위기를 밝게 환기시켜 주는 식구회의 열기, 한 주 나눔, 각자 역할 나눔, 한 주 공동과 개인 일정 확인, 그리고 매주는 아니지만 간단하게 별에별꼴의 비전을 생각해 볼 수 있는 활동의 순서로 이루어진다.

두 번째, 식구체험데이는 별에별꼴과 외부를 이어 주는 프로그램으로, 별에별꼴을 짧게 체험하고 싶은 방문객들에게는 이 행사에 오도록 유도한다. 별에별꼴을 소개하고 일상의 공동체 생활을 2박 3일로 압축

해서 보여 주며 공동체 생활에 대한 이야기를 나눈다. 이 행사를 시작한 첫해에는 한 달에 한 번 혹은 두 달에 한 번 식구체험데이를 진행했는데, 2015년에는 계절별로 한 번씩 진행했다. 모내기, 풀 잡기, 벼 베기 등 주로 계절에 필요한 노동과 함께 엮어서 준비한다. 그리고 이날에는 각자의 끼를 자랑하는 오픈 스테이지를 열어 평소 부족한 문화 활동에 대한 욕구를 채우기도 한다.

세 번째, 노임팩트데이는 짧게 설명하면 매달 두 번(그믐과 보름) 저녁 5시부터 다음 날 오전 9시까지 생존에 필요한 부분을 제외하고 전기와 가스를 사용하지 않는 날이다. 우리가 사용하는 전기를 줄이는 실천을 해 보자는 취지에서 만들어졌는데 에너지에 대한 고민을 지속적으로 하기 위함이다. 저녁은 뒷산에서 나무를 구해 와서 밥을 짓고 밤에는 휴대전화와 전등을 모두 끄고 초를 켠 뒤 모여 앉아 수다를 떨거나 게임을 한다. 세상과 연락을 차단시키고 초 앞에 모여 앉아 있으면 그 밤은 낭만적이고 신나며 어느 때보다 진솔한 이야기가 나오기도 한다. 최근에는 식구들의 인원수가 적어진 이유도 있겠지만 일상의 생활이 점점 노임팩트데이와 다르지 않아지고 있다. 네 번째는 알고보니캠핑페스티벌이다. 건강한 놀이 문화에 대한 실험들의 총체적인 장으로 생각하고 있다. 2015년에 3회를 맞은 알고보니캠핑페스티벌에는 다른 사람들과 함께 즐길 수 있는 놀이 문화를 만드는 친구들이 많이 있었다. 별에별꼴에 있는 대나무를 이용해 텐트를 만드는 친구부터, 생태공동체를 주제로 여행을 다녀온 친구들의 전시, 별자리와 타로 점을 봐 주는 광렬이 형, 정말 이 축제를 즐기러 온 뮤지션 등 알고보니캠핑페스티벌은 역

1년을 준비하며
살아가고 있다는 말이 과언이 아닌,
제3회 알고보니캠핑페스티벌.

시 진리이다. 뻥을 살짝 더해서 이 알고보니캠핑페스티벌을 기다리며 일 년을 사는 친구들이 나올 정도다.

　마지막 별에별꼴의 활동으로 벼농사가 있다. 언제나 많은 우여곡절이 있었지만 그래도 별에별꼴을 시작한 후 3년 동안 한 번도 빠지지 않고 쌀농사를 지었다. 나름 자랑스럽게 생각하고 있는 일 중의 하나인데 여기에는 홍기 아재, 병조 아재, 커피 할매 아저씨, 노인 회장님 등 마을 분들이 도와주시지 않았으면 어림도 없는 이야기가 숨어 있다. 감사한 마음이 한가득하다. 볍씨에 싹을 틔우고, 모종을 길러, 모를 내고, 물을 대고, 손으로 심고, 손으로 베고, '홀태'로 터는 일 년의 과정을 곁에서 보고 함께 몸을 움직인다는 것은 정말 큰 축복이다. 혼자이면 엄두도 못 냈을 일일 텐데 함께 살아가기에 가능한 일이다. 고맙고 자랑스럽다. 그러나 이 모든 일의 과정이 매끄럽게 진행되고, 웃을 일만 있고, 즐겁고, 아름답기만 한 것은 절대 아니다. 싸우기도 하고, 울기도 하고, 실패하는 이야기가 더 많이 있다. 항상 이야기하지만 하루 24시간 웃고 우는 중에, 행복하고 기쁜 한 시간. 이 한 시간이 있기에 우리는 별에별꼴에서 살아간다. 이렇게 살기 위한 별에별꼴의 기본 운영에 필요한 돈은 생태적인 가치관을 담은 청소년, 청년 대상의 캠프와 체험 등의 다양한 프로그램, 공간 대여, 소소한 수제품 판매 등으로 근근이 이루어지고 있다.

　처음에는 자급자족과 청년, 문화라는 키워드로 시작되었지만 한 해 한 해 가며 지속 가능성, 대안대학, 마을, 지역, 사회운동 등 점점 고민거리들이 늘어나고 있다. 이 엄청나게 불어난 키워드들 속에서 어떤 것이 별에별꼴이다, 아니다라는 것을 가늠할 수 없을 정도로 별에별꼴은 모

별에별꼴의 벼 베기.
노인 회장님 없이는
우린 못 살아!

든 것을 껴안고 가고만 싶은 욕심 많은 청년들이다. 이 모든 것은 우리가 살고 싶은 이상적인 마을의 모습을 그리고 있는 것이 아닐까? 우리가 스스로 공동체라고 명명하는 것은, 어쩌면 지금의 우리 사회 안에서 서로에게 의지하고 기대할 수 없는 현실에 대한 거부이고 투쟁일지도 모르겠다.

이 시대에 청년으로서

한국 사회에서 청년의 정체성을 가지고 살아가기란 쉽지 않다. 세상에 대한 호기심과 모험심으로 삶을 주체적으로 구성할 수 있는, 스스로 그리는 꿈을 실현해 가는 일은, '나는 누구인가'라는 질문을 끊임없이 할 수 없고 상대적 박탈감을 느끼게 만드는 교육과정을 거친 지금 시대의 청년들에게는 더없이 어려운 일이다. 나 역시 내가 아닌 다른 존재, 다른 세계가 있다는 인식을 (내 삶 안에 내 존재감처럼 무겁게) 하기 시작한 때는 스무 살, 주변 아시아 국가들을 여행하면서부터이다. 그때 처음으로 사회에 대해 의문이 들기 시작했다. 가난과 불평등의 구조가 불편했고, 나 역시 그 구조에 나도 모르게 일조를 하고 있다는 사실은 충격이었다. 아빠는 내 탓이 아니라고 했지만, 악몽에 시달리기도 했다. 그래, 그때부터 시작이었나 보다. 도시에서 살았으나 캠핑을 좋아하시는 부모님 덕에 어린 시절부터 주말과 방학에는 산과 들에 놓여 있던 이유도 있었을 테지만, 내가 지구 안의 한 사람이고, 우주 안의 한 존재이고, 우리는 모두가 다 연결되어 있다는 것을 머리로 생각하기 시작한 것은 그때부터였다. 여행을 하고 일상으로 돌아오면 그 감각을 잃어버리는 것 같아서 틈만 나면 밖으로 돌다가 부모님과 사회가 이야기하는 공식적인 자유의 몸이 되자 캄보디아로 2년간 자원 활동을 떠났다. 이때는 무어라도 해야 했고, '나는 하니까'라는 자기만족이 더 컸던 것 같다. 혼자가 아닌 '함께' 해야 한다는 생각은 2년이 지난 뒤에야 깨달아졌고 그러면서 지금 살고 있는 금산이라는 지역으로까지 이어지게 되었다. 이때 내 이름은 '보파'로 바뀌었다. 그 뒤로 금산간디대학원에서의 교사 과정과 별에별꼴의 시작부터 지금까지의 과정은 더 신나고 스펙터클하고 충격적인 인생으로 들어서는데, 이 이야기는 만나서 하는 걸로!

별에별꼴 생활을 하면서 가장 큰 변화는 주체적인 삶으로의 전환이다. 그동안 별 생각 없이 일상적으로 밟아 왔던 아스팔트 아래의 내가 깨닫지 못했던 무한한 생명력을 느끼는 순간(이 감각은 건천리 별에별꼴에 들어온 첫해 여름, 일주일마다 쑥쑥 자라는 운동장의 풀을 베며 깨어났다), 그것이 무지였든, 무식이었든 그동안 스스로 주체적이지 못한 삶을 살았던 나에게 큰 실망을 했더랬다. 우린 주체적인 삶을 찾기 어려운 사회에 살고 있다고는 하지만, 언제까지 사회 탓만 할 수는 없는 노릇이다. 우리의 감각을 깨워 줄 어떤 우연한 사건이나 존재들은 도처에 널려 있다. 우리가 몰라서 혹은 모르는 체하고 싶기 때문에 느끼지 못하는 것뿐이다. 우리는 이 감각들을 되살릴 필요가 있다. 나는 사회 안에, 지구 안에, 우주 안에 함께 살아가는 한 존재이며, 귓가에 울리는 저 종은 나를 위해, 너를 위해, 우리를 위해 울리고 있다는 사실을 말이다. 이 감각을 우리는 세계관 혹은 생태 감수성이라고 이야기한다.

올해도 우리 손으로 하는 김장!
배추와 무, 파와 갓은 물론이요,
이번엔 장독도 묻었다!
이 김치 때문이라도
봄이 왔으면 좋겠다, 얼른!

다시 별에별꼴 이야기로 돌아오면, 그래서 별에별꼴은 '이 생태 감수성의 감각을 어떻게 행동으로, 우리의 삶으로 옮길 텐가'에 대한 실험이다. 연결감이 사라지고 단절된 시대에서 살았기 때문에 미숙하고 부족한 점이 많다. 그리고 머리가 원하는 만큼 사실 몸이 따라 주지도 않는다, 지금은. 이러한 사실을 지난 3년, 뼈저리게 느꼈고, 그래서 아팠고, 그러나 그럼에도 불구하고 다시 한 번 도전을 하려고 한다. 많은 노력과 연습이 필요하지만 그래도 우리는 간다. 이 이야기를 통틀어 우리는 별에별꼴이라고 말한다. 이름 참 잘 지었다. '그래서 다음에 이름을 짓는다면 별에별꼴이 아닌 딴따라로 지을 텐가?'라는 제목의 질문을 받는다면, 당연히 아니지. 그러나 딴따라로 살아도 내 삶 안에 주체적인 인드라망의 무늬를 그려 넣을 수 있는 세상이 오면 좋겠다. 그러면 그때는 별에별꼴이든 딴따라든 무슨 상관이겠는가?

가끔 예전에 끄적여 놓은 글을 보면 나도 내가 놀라울 때가 있다. 그때의 그 치열한 고민이 느껴지기도 하고, '지금 여기에 너 있는가' 하고 되물으며 자극을 받기도 한다. 아래의 메모 역시 어딘가에 적혀 있다가 내 뒤통수를 한 번 후려갈겨 주었다. 이 메모로 글을 마무리하려고 한다.

진정한 공동체를 살아가기 위해서는 공동체에 사는 여러 가지 이유를 과감히 내려놓을 필요가 있다. 그저 흘러가는 순리대로 살아가는 것이 이유가 되고 아무것도 따지지 않는 이유 없는 관계 속에서 진정한 행복을 찾을 수 있는 것이 공동체가 아닐까?

별에별꼴을 소개합니다

별에별꼴은 충남 금산에 있는 청년공동체입니다. 시골에서 청년들이 하고자 하는 삶의 이야기를 주체적으로 실험하며 필요한 것들을 만들어 보는 공동체입니다. 이곳에서의 생활은 낡은 폐교의 여러 장소를 공동으로 사용하는 형태이고, 먹거리와 주거의 대부분은 공동으로 일을 하며 함께 즐겁게 배우며 살아가고자 하는 청년들이 모여 있습니다.

- 주소 (32751) 충남 금산군 남이면 휴양림로 1302
- 카페 cafe.naver.com/byulebyul
- 페이스북 www.facebook.com/byulebyul
- 메일 golapaduck22@gmail.com

식구체험데이
별에별꼴 또는 공동체와 시골살이에 관심 있는 청년들에게 별에별꼴을 소개하고 공동체와 시골살이에 대한 고민을 함께 나누어 보는 자리. 계절마다 한 번씩 진행합니다. 자세한 정보는 페이스북 페이지에서 만나실 수 있습니다.

알고보니캠핑페스티벌
'무더운 여름, 일 년에 한 번, 친구들과 함께 자연 안에서 신나게 놀아 보자'는 콘셉트로 시작된 알고보니캠핑페스티벌은 물물 교환, 건강한 먹거리, zero 쓰레기, 모두 함께 일하고 놀기, 각자의 놀이 나누기, 모두가 노래하고 춤추기 등 누구의 축제가 아닌 별에별꼴 안의 모든 존재가 즐기고 연결되고 소통하고자 하는 축제예요. 축제 참여 방식은 페이스북 페이지에서 소통합니다.

좋은 삶을 위해선
좋은 공동체가 필요하다

경남 산청 **민들레농장**

김진하 kjh911217@naver.com

경남 산청에 위치한 민들레공동체에서
생활하며 농사를 짓고 있다.
자연에 맞닿아 일할 수 있어 농사를 좋아하고
직접 기른 채소로 요리하는 것을 가장 좋아한다.
많은 일들에 떠밀려 가듯 일하고 있지만
이 삶이 싫다는 생각이 든 적은 없다.

2015년, 농장에서 함께한 친구들이다. 졸업 후 인턴으로 함께하고 있는 지선, 예진, 홍빈이와 농장을 체험하기 위해 온 나래, 그리고 고3 인턴십을 함께한 예찬이와 학교에서 영어를 가르치며 매일 2시간씩 농장 일을 도와준 베카. 맨 왼쪽이 나다.

내가 소속된 공간은 민들레농장이다. 정확히는 민들레공동체 안에 있는 민들레농장이다. 민들레공동체는 1991년에 세워진 기독교공동체이다. 농촌 선교를 위해 처음 만들어졌고 시간이 지나며 구성원들이 하나둘씩 가정을 이루고 한데 생활하다 보니 자연스럽게 생활공동체로 발전했다. 현재는 대안학교와 해외지역사회개발 사업을 하며 자립을 위해 농사와 베이커리, 양재, 출판 등 다양한 일들을 하고 있다. 식구들은 25명 정도, 학생들은 40명 정도가 함께 생활하고 있다. 각 부서들은 독립적이지만 공동체 안에서 서로 유기적이고 의존적으로 운영되고 있다.

개인적 이야기

어릴 적부터 시골에 살았다. 농사짓는 풍경을 보고 자랐고 뒷마당에는 늘 텃밭이 있었다. 어린 나이였지만 산과 들로 노닐며 자연스럽게 생태적 감수성과 시골이라는 공간에 대한 애정이 생긴 것 같다. 요리사가 되리라, 그림 그리는 사람이 되리라 이야기하던 유년을 지나 중학생이 될 무렵 나는 정원사가 되리라 이야기하곤 했다. 초등학교 이후 학교를 가지 않고 홈스쿨링을 하며 농사일을 돕고 내 텃밭을 가지고 허브와 몇 가지 채소를 키우기 시작했다. 채소들이 자라나고 열매 맺는 사소한 것들이 늘 경이롭고 흥미로워 이상하리만치 흙바닥에 쭈그려 앉아 '풀때기'를 바라보며 보내는 시간이 많았다. 그래서인지 농사는 내게 낯설고 어색한 것이 아닌 당연하고 자연스러운 것으로 받아들여졌다. 그렇게 열여섯 살이 되던 해 농사를 지으며 살아야겠다는 결심을 했고 그 후로 어른들을 도와 조금씩 농사일을 하다 지금은 공동체의 농사를 도맡아 책임지게 되었다.

열여덟 살이 될 무렵에는 학교에서 학생들을 데리고 함께 일하며 농사와 관련된 수업을 진행하기도 했다. 초등학교밖에 나오지 않은 내가 학생과 교사 사이의 모호한 경계에서 아이들을 가르치기 시작한 것이다. 그렇게 농사일과 학교 일을 하며 20대가 되었고 여느 또래가 그러하듯 나 역시 진로에 대한 고민이 많았다. 돈을 모아 유학을 가고 싶은 마음이 컸는데 나에겐 돈도 전혀 없었고 유학을 다녀온 후의 명확한 계획도 없었다. 시골을 떠나 공부를 하기 위해, 정확하게는 학비와 생활비를 모으기 위해 적어도 1년, 많게는 2년 이상 일해야 하는데 그 모든 시간과 비용이 다소 비효율적이라는 느낌이 들었다. 하지만 형과 누나 모두 유학을 나가 있을 때라 그런지 몰라도 왠지 나만 시골에 '짱박혀' 은둔형 외톨이마냥 수동적인 삶을 보내고 있지 않은가 하는 불안감도 들었다. 그렇게 고민하던 중에 아버지가 공동체에 남아 농장을 책임져 줬으면 한다는 이야기를 하셨다. 같이 농사짓던 삼촌도 공동체를 나가게 되어 농장을 책임질 사람이 없었고 농사일과 학교 일에 사람이 많이 필요한 시기라 공동체로서는 어쩔 수 없는 제안이기도 했다. 학교와 공동체의 사정을 누구보다 잘 알고 있던 나는 고심 끝에 공동체에 남아 일하기로 했고 딱 3년만 죽었다 생각하고 농사지으며 학교 일을 하리라 결

감자를 심고 있다.
손이 많이 필요한 농사일은 학생들과
공동체 식구가 함께한다.

심했다. 열심히 일하다 보면 어떻게든 길이 열리지 않겠나 생각했고 그렇게 나는 스무 살에 농장의 책임자가 되어 버렸다. 나의 본격 농사 인생이 시작된 것이다.

농사 – 힘들지만 행복한 무엇

3년 동안은 죽었다 생각하고 열심히 일하기로 다짐했지만 첫해부터 '정말 이러단 죽겠다'라는 생각이 들 정도로 힘이 들었다. 함께 일하던 삼촌도 없고 6,000평이 넘는 논농사와 이런저런 밭농사 그리고 학교 수업과 노작교육까지, 하루가 어떻게 지나가는지 모르게 정신없이 일해야 했다. 그렇게 의무감에 사로잡혀 농사일을 하다 보니 내가 가장 사랑하던 일이지만 책임감과 부담감으로 몸과 마음 모두 고단하기만 했다.

그렇게 힘든 시기를 견디던 중 어떤 위로의 순간이 있었다. 6월 말 즈음이었던 것 같다. 모내기 철이었는데 15년도 넘은 이앙기가 하루가 멀다 하고 고장이 났다. 그날도 이앙기가 고장이 나 장맛비가 내리기 시작하는데 모내기를 끝내지 못해 비를 맞으며 논에서 일을 하고 있었다. 그때 비가 내리던 하늘 사이로 삐져나온 노을빛이 논의 표면을 비춰 굵은 빗줄기들이 논 전체에 파장을 일으키는데 그 장면이 말로 표현하기 어려울 정도로 아름다웠다. 정말 감동과 경탄의 순간이었다. 시끄러운 이앙기의 엔진 소리도 들리지 않았다. 사람이 살면서 그런 경탄할 아름다움의 순간을 몇 번이나 마주할 수 있을까. 자연에 맞닿아 일하며 이런 위로를 받을 수 있음이 너무 감사하다는 마음이 들었다. 힘든 시간들

텃밭에 멀칭을 하고
모종을 정식하고 있다.

도 많았지만 그렇게 자연 속에서 위로의 순간을 종종 경험했기에 지금까지 농사일을 계속 붙들고 있을 수 있었던 것 같다.

농사일만 열심히 하자고 마음먹었던 3년 동안 생각보다 많은 변화가 있었다. 사실 군대 문제가 가장 고민이었는데 영농 후계자로 산업기능요원 대체 복무를 할 수 있게 되었고 유학을 가진 못했지만 일을 하며 방송통신대학교에 등록하여 공부도 했다. 벼농사와 밭농사, 양계, 양봉 등 내가 해 보고 싶었던 거의 모든 농사일도 실험적으로 시도해 볼 수 있었다. 텃밭에 심은 작물의 종류만 해도 많을 때는 80가지가 넘기도 했다. 그렇게 내가 장난치고 누빌 땅이 있음에 감사했다. 내가 도시에서 학비를 모으기 위해 일했다면 과연 지금처럼 자유롭게 살 수 있었을까. 그런 생각을 하다 보면 스무 살 때의 결정이 나를 이렇게 밀고 가는 것에 후회가 들지는 않는다.

그렇게 3년의 시간이 지나고 여전히 나는 공동체에서 농사를 지으며 살고 있다. 예전과 달라진 것은 농장은 더욱 다양한 일을 하고 더욱 다양한 사람이 모이게 되었다는 점이다. 농장은 농촌 생활을 꿈꾸는 학생들과 청년들을 인큐베이팅하고 농적 진로에 대해 고민하고 경험할 수 있는 공간이 되었다.

학교 – 좋은 교육과 좋은 삶에 대하여

내가 몸담고 있는 민들레농장은 지속 가능한 순환 농업을 지향하며 공동체와 학교의 자급자족을 위해 논농사와 밭농사(대부분의 채소)를 하고 있다. 쌀과 김장 채소(배추, 무, 고추, 마늘 등)는 100% 자급자족하고 있고 채소류도 다양하게 키워 급식에 공급하고 있다. 수익 사업으로 양계를 시작하여 현재 1,000수 정도 사육하고 있는데 매주 2회씩 택배로 달걀을 판매하고 목요일마다 닭을 잡아 생닭도 판매하고 있다. 민들레학교의 자립 수업과 노작교육을 맡아 진행하는 것도 농장의 주요한 역할이다. 그 외에 철마다 채소들과 꿀, 잼, 페스토, 피클, 허브차 등도 판매한다. 농장의 인턴들은 양계(사육 관리, 택배)를 책임지며 텃밭 관리도 한다. 나는 농사 전체를 책임지고 자립 수업과 논농사, 밭농사, 양봉, 닭 잡기를 담당하고 있다. 주 업무는 이렇게 나뉘어 있지만 대부분의 일은 함께하는 것을 기본으로 한다. 기술적인 부분은 농장팀이 주로 하고 잡초 뽑기와 채소 수확과 같이 손이 많이 필요한 일은 학생들과 공동체 식구들이 도와주는 구조이다.

농장과 밀접한 관계를 맺고 있는 민들레학교에 대해서도 이야기를 해야 할 것 같다. 민들레학교는 중·고등과정의 대안학교이다. 더불어 사는 자유인, 가난한 자를 섬기는 인재를 키워 내자는 슬로건을 걸고 시작했다. 현재 40여 명의 학생과 교사가 함께하고 있고 하루의 절반은 교양 교과를 배우고 나머지 절반은 자립 교과를 배운다. 자립 교과라 함은 중등과정의 경우 단순 노작을 통해 손으로 일하는 것과 노동의 가치를 내면화하고, 고등의 경우 공동체의 각 기관(농장, 제빵, 대안기술, 양재, 출판)에서 일을 하는 것이다. 고등학교 3학년이 되면 5개월가량 인턴십을 나가게 되는데 자신이 관심 있어 하는 분야에서 인턴으로 일하는 시간을 갖는다. 인턴십이 끝난 후에는 그에 관련된 졸업 논문을 작성하는데 이

4월, 못자리하는 장면.

런 과정 속에서 학생들은 일을 익히는 동시에 졸업 후의 진로에 대해 좀 더 일찍 고민하는 기회를 갖게 되는 것 같다. 민들레학교는 신입생 모집을 할 때부터 대학을 가기 위한 입시 교육을 거부하고 있음을 알리고 가능하면 대학에 가지 말라고 이야기한다. 물론 대학에 갈 필요가 있는 경우에는 대학을 가야겠지만 대학에 가기 위해 공부를 하는 것은 잘못됐다 생각하는 것이다.

졸업 후 농장에서 함께 일했던 민호는 학생 때 줄곧 농사부를 했고 졸업 논문도 농사와 노동에 관한 것을 썼다. 민호가 졸업 후 농장에서 함께 일하고 싶다고 했을 때 참 반가웠다. 막 스무 살이 된 친구였지만 민호는 일을 맡길 수 있는 준비된 일꾼(?)이었다. 그 덕에 자급자족을 위한 농사 외에도 양계와 제철 채소 판매 등 다양한 일을 할 수 있게 되었고 수익 구조도 만들어져 공동체와 학교, 농장 모두 활력이 생긴 것 같다.

농장에서 인턴을 하는 친구들 대부분이 처음에는 농사 자체에 대한 관심보다는 공동체에 관한 관심과 함께 일해 보고 싶다는 마음에서 시작한다. 그러다 농사를 지으며 농적 가치와 의미를 발견하고 공동체 안에서 함께 살아간다는 것에 대해 관심을 갖게 되는 것 같다. 고등부 학생들 중에서 지난 학기 농사 자립에 참여(매일 2시간 이상)한 친구는 총 네 명이었다. 네 명 모두 중학교부터 함께한 친구들이라 일하는 것에 익숙했고 그래서 가르친다기보다는 함께 일한다는 느낌이 강했다. 농기계(트랙터, 예초기, 이앙기, 경운기 등)를 사용하는 것도 어렵지 않게 가르쳐 일을 맡겼고 새 양계장을 건축하는 것도 아이들이 도맡아 했다.

고등부 농사 자립 학생들과 함께 축사를 지었다.
아직 열여덟 살인데도 충분히 제 몫을 해낸다.

지난해 1학기를 마무리하며 소감을 나누는 시간을 가졌다. 아이들은 한 학기 동안 즐겁게 일했고 일하는 것에도 자신감이 생겼다며 농사지으며 사는 것도 좋겠다는 이야기를 했다. 농사에 대해 공부를 많이 하기보다는 일만 많이 시킨 것 아닌가 걱정했는데 아이들이 경험을 통해 배우고 또 그 과정에서 자기 효능감을 가지게 된 것 같아 기뻤다.

내 경우와 학생들의 경우가 다소 다를 수 있지만 학교와 공동체에 기반을 두고 경험을 쌓고 그것이 이후 진로로 연결된다는 점에서는 겹치는 점이 많다. 학교는 무작정 더 많이 더 높이 올라가는 것을 가르치는 것이 아니라 학생 한 명 한 명의 관심과 재능을 충분히 키울 수 있도록 계속적인 경험의 기회를 제공해 줘야 한다. 때문에 교육은 더 넓은 의미에서 구체적으로 이뤄져야 하고 그러기 위해서 학교는 마을 혹은 공동체와 함께 갈 수밖에 없다.

농장 외에도 민들레공동체에는 자립을 위한 다양한 사업 분야가 있다. 먼저 출판부는 계간 민들레공동체 소식지와 학교의 논문, 보고서 등을 편집하고 발행하는 일을 주로 하며 도서 출간 작업도 진행 중에 있다. 베이커리는 공동체 안에서의 필요와 좋은 재료로 빵을 만들어 보자는 의도에서 시작했다. 택배 꾸러미로 한동안 활발하게 사업을 진행하다 어려움이 있어 현재는 학교의 급식과 간식을 공급하고 농장 회원들에게 택배로 빵을 판매하는 일을 하고 있다. 제빵 작업에는 농장의 인턴들이 일주일에 하루씩 함께하고 공동체의 다른 식구들도 함께 돕고 있다. 매일 자립 시간마다 고등학생들이 학생들의 간식을 만든다. 양재부는 공동체에서 인도의 지역사회개발 및 일자리 문제에 대한 대안으로 시작하게 되어 올해 인도에 옷 공장을 설립하는 일을 추진 중이다. 그 일을 준비하며 공동체와 학교에도 양재에 대한 필요가 있어 작업장을 개설해 옷을 만들고 학생들도 가르치고 있다. 주로 학생들의 체육복과 생활복, 풍물복, 생활한복 등을 만들고 있으며 생활한복은 주문 제작하여 판매도 하고 있다. 옷을 만드는 모든 과정에 학생들이 참여한다. 대안기술센터는 해외지역사회개발과 교육 목적으로 설립되었고 대체에너지와 적정기술(바이오가스, 태양열 오븐, 바이오디젤 등)을 교육하고 학생들과 함께 만든다.

나를 지지해 주고 내가 의지할 수 있는 비빌 언덕 같은 공동체

지금 농장은 양계를 주 사업으로 달걀과 생닭을 판매하는 것이 주 수입원이다. 양봉과 채소 판매, 가공품 판매도 안정적인 수익 구조를 만들 수 있는 아이템들인데 문제는 함께 일할 사람들이 부족하다는 것이다. 이런 많은 일들을 구체화할 수 있도록 함께할 수 있는 사람이 많이 생겼으면 좋겠고 민들레학교를 졸업한 학생들이 그 일 중에 하나를 책임져 자립할 수 있는 구조가 되면 좋겠다는 생각을 한다. 그러기 위해선 우선 공동체와 농장이 안정적인 구조가 되어 농장에서 함께 일하거나 혹은 따로 창업하는 사람들을 교육하고 인큐베이팅할 수 있었으면 한다. 농장에서의 경험을 돌아보면 일을 잘하기 위해선 좋은 공동체를 만드는 것이 우선이라는 생각이 든다. 나를 지지해 주고 내가 의지할 수 있는 비빌 언덕 같은 공동체를 만들 수 있다면 무슨 일을 하든지 잘할 수 있

미곡처리장에서
쌀겨와 왕겨를 퍼내기 위해
완전무장을 했다.
왼쪽부터 나, 지선, 홍빈.

으리라 생각한다.

　별 생각 없이 농사를 시작했고 얼떨결에 공동체에서 농사를 책임지며 살게 되었다. 특별할 것 없이 일만 하며 보내 온 시간인 것 같기도 하지만 뒤돌아보면 참 많은 변화가 있었다. 함께하던 학생들이 동료가 되었고 농사는 여전히 고되지만 또 그만큼 위로를 주기에 감사한 마음도 크다. 특히 텃밭에서 난 채소들을 수확해 요리해 먹는 것만큼 행복한 일은 없을 것이다. 그리고 지난해 1월 결혼으로 처자식이 동시에 생겼는데 많지 않은 돈으로 생활하지만 돈 때문에 고민한 적 없이 잘 지내 왔다. 농사지으며 농촌에서 사는 것은 참으로 단순하고 소박한 듯하지만 정말이지 충만하고 자유로운 삶이다.

민들레공동체를 소개합니다

민들레공동체는 1991년 창립되어 농촌 마을 활성화, 아시아 지역 농촌 지원 사업 등을 하면서 '가난한 자들의 친구'로서 살아가길 원하는 공동체입니다. 현재 민들레학교(중·고등과정), (사)대안기술센터, 민들레베이커리(마을기업), 민들레농장, 민들레공방 등을 운영하고 있으며 인재 양성과 청년들의 미래를 열어 가는 일에 관심을 갖고 있습니다. 식량 자립, 에너지 자립, 경제 자립, 교육과 문화 자립, 신앙과 양심의 자립을 추구하며 이 땅의 선의의 사람과 협력하고자 합니다. 생활양식은 단순 소박한 삶, 뿌리 깊은 삶, 순명하는 삶을 지향합니다. 참된 희망의 시작은 더불어 살아가는 공동체 삶에서 가능하다고 믿으며 이러한 삶을 함께 나누고 배우고 확산해 나가기를 소망합니다.

- 주소. (52260) 경남 산청군 신안면 중촌갈전로 711번길 17
- 홈페이지 dandelion.or.kr
- 이메일 dandelionsch@naver.com
- 전화 010-7288-8396, 010-4499-6813

민들레학교

민들레학교는 경남 산청에 있는 중·고등 통합과정 기숙형 대안학교입니다. 2007년부터 더불어 살아가는 자유인, 가난한 자들의 친구가 될 수 있는 인재를 키우자는 철학을 갖고 시작했습니다. 대학 입시를 위한 경쟁이 아니라 자립적인 사고와 능력을 키우기 위해 공동체가 기반이 된 삶의 교육을 지향합니다. 학생들은 오전에 지식 교과 수업을 하고, 오후에 손으로 하는 노작교육과 자립 교과 수업(농사, 양재, 대안기술, 제빵, 건축 등)을 하고 있습니다. 민들레학교에서는 중·고등과정 신입생 및 편입생을 모집하고 있습니다.

- 주소 (52260) 경남 산청군 신안면 중촌갈전로 762-12
- 홈페이지 www.dandelionschool.net
- 이메일 dandelionsch@naver.com
- 전화 055-973-6812, 070-8280-3132

민들레농장

민들레농장은 지속 가능한 순환 농업을 지향하며 퍼머컬처적 텃밭 농사와 논농사, 다양한 밭농사와 자연 양계를 하고 있습니다. 민들레학교 학생들의 교육을 지원하며 교육 농장으로서의 역할도 함께 하고 있습니다. 현재 농장에서 함께 일할 인턴을 모집 중입니다.

- 홈페이지 dandelionfarm.kr
- 페이스북 www.facebook.com/dandelionfarm.kr
- 전화 010-5213-6813, 010-4098-6813(주문 전용)

지역과 지역,
사람과 사람이
만드는 삶

강원도 정선 **마을에너지공방** ○○

진현준 sejan0531@naver.com

마을에너지공방 ○○ 적정기술 활동가,
그리고 목수 일을 배우고 있는 잡부로 전국을 누비며
인복 하나는 많은 행운아!

흙부대 생태 화장실 워크숍에 참가한 친구들과 함께.

가난한 청년들의 삶은 도시나 시골이나 다를 것은 없다. 시골 역시 다양한 사람들과 다양한 연결고리를 가지고 살아가기 때문에 관계의 문제에서 도시와 다르진 않다. 제일 중요한 건 역시 먹고사는 문제. 농사를 짓든, 다른 일을 하든 아무런 기반도 없는 상태에서 농촌에 정착하는 과정은 무척이나 힘이 든다. 지금 쓰고 있는 이 글 역시 나의 시골 생활기, 아니 정착하려 애쓰는 이야기이다. 2년 전에 강원도 정선으로 내려와 행복했던 시기를 거쳐 이제야 진짜 홀로서기를 하는 시골 생존기 말이다.

적정기술의 매력

대학을 졸업하고 사회생활을 하다 우연한 기회에 시민단체에서 일을 하게 되었다. 단체에서 내가 맡은 일은 지역 주민 사업의 일환인 마을 텃밭 '지렁이주말농장'의 운영이었다. 텃밭을 일구다 보니 조금 더 생태적인 텃밭을 만들고 싶었고 그렇게 해서 알게 된 것이 바로 '적정기술'이다. 태양과 바람을 사용해 만든 빗물 저장소, 햇볕 건조기 등이 있는 멋진 텃밭을 상상했다.

그때 나는 적정기술이 나름대로 대안적 삶을 사는 데 가장 효율적인 기술이라고 생각했다. 지역 독거노인들의 난방 문제가 심각하다는 걸 알고 나서는 적정기술을 이용하면 작게나마 대안이 될 수 있을 것 같다는 희망을 품었다. 아파트와 공공시설에 태양에너지를 활용한 적정기술 제품을 사용하는 상상을 하기도 했고, 동네 아이들과 적정기술로 신나는 놀이를 해 보고도 싶었다. 적정기술만 잘 사용하면 뭐든 재밌고 의미 있는 일들이 생길 것만 같았다.

관련 서적들을 여러 권 읽으면서 공부를 했지만 직접 몸으로 해 보지를 않으니 한계가 있을 수밖에 없었다. 적정기술을 하는 단체나 개인과 관계를 맺고 싶었지만 이것 역시 쉽지 않았다. 그렇게 한두 해가 흐르다 보니 적정기술에 대한 갈증만큼이나 도시 생활에 대한 염증도 커져 갔다. 직장 생활에 대한 권태로움도 높아졌고 점점 더 도시에서 경쟁하며 살 엄두가 나지 않았다. 무엇보다 적정기술이 너무 하고 싶었는데 도시에선 도무지 하는 곳을 찾기가 어려웠다. 지금이야 도시에서 적정기술을 공부하고 실험하는 곳이 여러 곳 생겼지만 그때는 왜 그리도 찾기가 어려웠는지 자연스레 '시골'로 눈이 돌려졌다.

'청년공판장@동강'을 만나다

생각해 보면 인연은 전혀 뜻밖의 시간과 장소에서 이뤄지는 것 같다. 2014년 2월 즈음 우연히 '서울잡스'라는 대안적 구인 사이트를 알게 되었다. 거기서 한국내셔널트러스트 동강지기 김영주 선생님의 '청년공판장@동강' 프로젝트 인터뷰 기사를 봤다.

청년공판장@동강 프로젝트는 2014년 3월에 시작해 12월에 끝나는

덕풍계곡으로 캠핑을 갔는데
그만 버너를 안 가지고 왔다.
급조해 만든 간이 화덕을 테스트하는
날씨, 제이 그리고 나.

청년 도농 교류 사업이었다. 인터뷰에서는 도시의 부족한 청년 일자리 문제와 고령화로 인한 농촌 지역 공동화 문제를 서로 연결해 함께 해결하고자 하는 취지라고 설명하고 있었다. 거기에 더해 청년들이 살아가는 데 필요한 삶의 기술을 습득하고, 농촌의 생태 순환적 삶과 노동을 통해 청년의 자립 능력을 키우며, 일자리와 농촌 정착의 디딤돌을 함께 만들어 갈 지역 청년 활동가를 양성하는 프로젝트이기도 했다.

청년공판장@동강은 시골 생활을 하면서 적정기술까지 배울 수 있는 최고의 기회였다. 반가운 마음과 흥분이 한꺼번에 몰려왔다. 서울잡스의 인터뷰 글을 몇 번이나 읽었는지 지금도 내용이 다 기억이 날 정도다. 서울시 청년허브를 통해 청년공판장@동강 프로젝트에 지원해 놓고 결과도 안 나온 상황에서 다니고 있던 직장에 당장 사직서를 냈다. 떨어지고 나면 아무 계획도 없었는데 왜 그랬는지 지금 생각해도 모르겠다. 그냥 그래야만 될 것 같았다. 어쨌든 일은 벌어졌고 속은 시원했다. 결과는 다행히 해피하게! 청년공판장@동강 프로젝트에 함께할 수 있게 되었다.

프로젝트가 시작되면서 동강 생활도 막을 올렸다. 멘토 역할을 해 주었던 김영주 선생님은 '달'이라 불렀다. 기타를 잘 치고 시골살이 경험이 있던 '날씨'는 생태 농업을 담당했다. 대학을 졸업하고 여행에 관심이 많던 '제이'는 동강, 아리랑 등 지역의 자연·문화 자원을 활용한 공정 여행을 맡았다. 나는 적정기술 분야를 맡았다. 우리는 '동강사랑'이라 불리는 한국내셔널트러스트의 게스트하우스에서 함께 지내며 텃밭 운영과 작은 집 짓기, 요리, 지역 청년 교류 활동, 야생화 꽃차 만들기, 동강 생태 탐방 등 새로운 것을 배우며 해 보고 싶었던 것도 원 없이 하는 날들

달팽이 모양으로
날씨와 제이와 함께 만든 텃밭에는
각종 쌈 채소와 고추, 가지, 콩, 꽃 등을 심었다.
잘 자랄지 두고 보자는 의미에서
이름 지은 '두고 봐 텃밭'.

을 보냈다. 각자 맡은 분야는 달랐지만 거의 모든 일들을 함께 했다. 집 앞 텃밭을 퍼머컬처형 디자인으로 직접 꾸며 콩과 쌈 채소 등을 키웠고 경운기의 도움 없이 300여 평의 밭을 삽 하나로 일궈 감자를 심고 수확했다. 토종 씨앗을 발아하고 직접 모종을 키워 심은 고추로는 고추 장아찌를 만들어 나누기도 했다. 널리고 널린 오디와 혼자서도 잘 자라 준 길가의 딸기로는 잼을 만들어서 아침 식사에 달달함을 더했고, 한 달에 한 번 전기 없는 날을 지정해 적정기술로 만든 화덕을 이용해 밥을 지어 먹기도 했다. 가끔 비가 많이 내려 집 앞 다리가 잠기면 고립되어 불편하다는 느낌보단 고립된 그 자체가 재밌어 아이들처럼 설레기도 했다.

2014년 여름, 곡성군과 변현단 선생님의 주최로 '청년 떼 토크'란 행사가 열렸다. 귀농에 관심이 많은 청년들이 모여서 사례 발표도 하고 고민도 나누는 자리였는데 각 지역에서 온 청년들이 정말 많았다. 이 자리가 계기가 되어서 우리는 시골에 살기를 희망하는 청년들에게 가장 현실적인 문제가 무엇일까 고민했다. 역시나 일자리와 주거의 문제가 가장 컸다. 그래서 적은 돈으로 쉽게 지을 수 있는 '작은 집'을 직접 만들어 보는 건 어떨까 생각하게 되었다. 달, 날씨 그리고 나는 강화도에서 열린 작은 집 짓기 워크숍을 경험했던 터라 한번 도전해 보고 싶은 마음이 들었다. 무엇보다 우리의 힘으로 지역에 살고자 하는 청년들의 주거 문제에 대한 대안을 작게나마 마련할 수 있을 것만 같아 기대가 되었다. 우선 집을 짓기 전 흙부대를 이용해 생태 화장실을 지어 보기로 했다. 워크숍을 열었더니 소식을 듣고 여러 지역에서 청년들이 찾아왔다. '화장실쯤이야' 하고 너무 쉽게 생각했는지, 아님 시간이 너무 부족했는지 모르겠지만 결국 다 짓진 못하고 끝이 났다. 하지만 이후에 작은 집을 어떻게 지어야 할지에 대해 많은 것을 배우고 느끼는 계기가 되었다.

  2014년 9월, 드디어 작은 집 짓기를 위한 첫 삽을 떴다. 날씨가 도면을 그리고 우리는 그에 맞게 자재를 실어 나르며 본격적인 공사에 착수했다. 작은 집이 지어질 부지는 지역에서 알게 된 사과 농사를 짓는 '사과'의 집 옆이다. 사과가 기꺼이 땅을 내줘서 지상권만 가지는 작은 집을 지을 수 있게 되었다. 집 짓기를 준비하면서 단열은 어떻게 할지, 마감재는 무엇을 사용할지, 집에 쓰일 에너지는 어떻게 하는 게 좋을지 서로 알고 있는 정보들을 나눴다. 처음 시공 당시엔 적정기술 교육 때문에 완주에 거의 내려가 있다시피 해서 많은 부분을 함께하진 못했다. 아쉬웠는데, 불행인지 다행인지 3개월이면 다 지을 것만 같았던 작은 집은 해가 바뀌고 1년이 지난 현재까지도 아직 진행형이다. 그리고 처음 기획 의도와는 달리 지금은 내가 살기 위한 터전으로 이제는 혼자서 짓고 있다.

  청년공판장@동강 프로젝트가 끝나고 날씨와 제이는 각자 다른 일로 서울로 떠났다. 나는 달과 오래 상의한 끝에 정선에 남기로 했다. 프로젝트는 끝났지만 한국내셔널트러스트의 배려로 날씨, 제이와 함께 지냈던 동강사랑에서 몇 달 더 지낼 수 있었다. 세 명이 지냈던 공간에 혼자 덩그러니 있으려니 강원도의 적막한 겨울이 더없이 외로웠다.

청년공판장@동강 프로젝트가
끝나 가고 있을 즈음 정선에 눈이 내렸다.
집 옆 내리막길에서 비료 포대로 눈썰매를 만들어 타고 놀았다.
겨울이면 땔감을 구하고
나머지 시간에는 이렇게 놀면서 보냈다.

지원의 끝에서 홀로서기

정선에는 지역에 적정기술을 보급하고 활동하기 위한 곳으로서 '마을에너지공방 ○○'이 있다. 공방 이름이 '○○'이라 사람들이 언제 정식으로 이름을 지을 거냐고 묻곤 한다. '○○'은 숫자로서 무한의 의미를 담고 있기도 하고 01, 02······ 이어진다는 의미를 갖고 있기도 하다. 또 비어 있어 채울 수 있다는 의미로 사용하기도 하는데, 여러 뜻을 갖는 이름이지만 나는 '땡땡'이라 부르는 어감이 재밌어서 우리 공방의 이름이 정이 간다.

마을에너지공방 ○○은 정선커뮤니티비지니스센터의 사회적경제지원사업의 일환으로 청년공판장@동강 프로젝트 전에 이미 오픈해 있었다. 준비 과정부터 정착하는 단계까지 행정적, 재정적 지원을 정선커뮤니티비지니스센터와 하이원희망재단으로부터 받아 지역 사회 내의 커뮤니티 공방의 몫을 하고 있다. 내가 오기 전부터 정선과 영월 지역을 바탕에 두고 개량 화덕과 화목 난로, 태양열 온풍기 등을 교육하고 만들어 지역에서 적정기술을 보급하고 홍보하는 활동들을 이어 가고 있었다. 사업 총괄 및 기술교육을 담당하고 있던 달은 마을에너지공방 ○○의 실질적 활동가로서 혼자서 모든 사업을 진행하고 있었다. 나는 청년공판장@동강 프로젝트에서 적정기술 분야로 활동하게 되면서 자연스레 마을에너지공방 ○○ 안에서 제품 개발과 생산, 홍보 활동 등도 함께 하게 되었다. 이후에는 영월에서 찻집을 운영하고 있는 조용석 선생님과 정선에서 사과 과수원을 하고 있고 작은 집과 공방 부지에 도움을 준

사과 선생님도 함께하게 되었다.

　마을에너지공방 ○○에서 나는 달에게 용접도 배우고 로켓스토브라고 하는 화덕도 만들어 보았다. 특히 공방의 예산으로 전북 완주의 전환기술사회적협동조합의 적정기술 강의를 모두 수료할 수 있었다. 교육 후에 공방에서 처음으로 내가 직접 만든 것은 폐 가스통을 이용한 난로다. 3일간 가스통과 씨름하며 생전 처음 잡아 본 생소한 공구들로 용접하고 다듬어 생애 첫 작품인 난로를 만들 수 있었다. 이후에는 태양열 온풍기, 구들, 피자 화덕, 철판 화덕 등을 만들며 책으로만 소비했던 적정기술에 대한 욕구들을 직접 두 손으로 만들며 해소할 수 있었다. 잘하는 게 아무것도 없었던 내가 직접 무언가를 만들고 그것이 또 사람들에게 사용되어진다는 게 마냥 신기하고 뿌듯했다. 그래서 아마도 적정기술에 대한 애착이 이토록 큰지도 모르겠다.

　적정기술을 배우는 과정에서 마을에너지공방 ○○을 통해 많은 사람들과 교류할 수 있었고, 전국의 다양한 단체와도 관계를 맺을 수 있었다. 하지만 청년공판장@동강 프로젝트가 끝나고 막상 혼자 남기로 한 이후 마을에너지공방 ○○에서의 구체적인 활동 계획은 사실상 전무했다. 한국에서 적정기술은 아직 시작 단계여서 네트워크도 풍부하지 않고 관련 활동들도 많지 않다. 게다가 전 해에는 지원받은 예산이 있어 일을 추진하는 데 큰 어려움이 없었지만 이제는 그마저도 없는 상황이라 사업을 벌일 수도 없었다. 당장 생계부터 큰 문제였다. 정말 비빌 언덕이 하나도 없다는 느낌이 들었다. 내가 좋아 선택한 적정기술이었지만 먹고사는 문제에 부딪히다 보니 '계속할 수 있을까'라는 위기감이 들

▲ 마을에너지공방 ○○에서 생애 첫 난로를 만들었다. 여름날 땀을 뻘뻘 흘려 가며 용접 중이다.

▼ 영월 '희망 더하기 공간 나눔'에서 사용될 피자 화덕을 만들고 있다. 지역 어린이들과 청소년들이 이곳에서 신나게 피자를 구울 생각을 하며 꼼꼼히 만들었다.

었다. 친구들에게 적정기술 하러 시골에 남겠다고 했더니 친구들이 농담조로 '걱정기술' 아니냐는 말을 하곤 했는데 정말 적정기술이 걱정거리가 되어 버렸다.

적정기술로 밥벌이를 삼자니 한계가 있고 그렇다고 포기하는 건 쉬운 일이 아니고 한마디로 '멘붕'이 오고 말았다. 소득이 없었기에 어떻게든 소비를 줄여야 했다. 그야말로 고통 속에서 새해를 맞이했다. 겨울이 지나고 이제 동강사랑에서도 떠날 채비를 하던 중에 많지는 않았지만 간간이 시골에서 할 수 있는 알바 자리가 들어왔다. 과수원에서 돌을 캐기도 했고 멀리 전남 구례까지 내려가서 지인의 곶감 농장에서 일손을 돕기도 했다. 때로는 한 번도 해 보지 않았던 막노동을 해 보기도 했다. 그렇게 몇 달을 버티고 있었더니 적정기술 강의를 부탁하는 요청이 두 곳에서 왔다. 어찌나 반가웠는지 정말 열심히 준비해서 강의를 마쳤다. 처음 적정기술을 배우면서 언젠가는 내가 갖고 있는 정보와 지식을 나눌 수 있는 날이 오길 원했다. 적정기술은 그랬다. 나만 알고 있고 소유하는 그런 기술이 아니라 마을과 마을, 지역과 지역에서 관심 있는 많은 사람들과 정보를 공유하고 기술을 나누는 것이 바로 적정기술이라고 생각한다.

내가 교육했던 인천의 한 문화단체에서는 동네 청년들이 주체가 되어 적정기술 동아리가 만들어졌다. 로켓스토브나 태양열 온풍기를 직접 손으로 만들어 보면서 관심을 이어 가기도 하고, 가족 단위로 우드 가스스토브를 함께 만드는 시간을 갖기도 했다. 종종 사용하고 있는 난로를 좀 더 효율성 있게 바꿔 달라는 문의도 들어왔다. 얼마 전엔 한 목공

청년공판장@동강에서
한 달에 하루 '전기 없는 날'을 지정해
전기밥솥이 아닌 로켓스토브를 이용해
밥과 국을 해 먹었다.

방에서 사용하던 난로를 적정기술을 활용해 업그레이드했다. 보통의 난로들이 땔감도 많이 먹고 효율도 떨어지는데 폐 가스통을 가지고 적정기술을 활용해 만들어 보내 드렸더니 만족해하며 잘 쓰고 있다고 전해 왔다.

'작은 집', 그리고 목수를 꿈꾸다

청년공판장@동강 프로젝트의 하나로 시작한 작은 집 짓기는 2014년에 마을에너지공방 ○○ 예산 500여만 원으로 자재를 구입하고 뼈대를 세워 지붕까지만 올릴 수 있었다. 단열재를 챠콜이라 불리는 왕겨숯을 사용해 만들었는데 반죽하고 굳히는 작업이 겨울과 맞물려 공사가 해를 넘길 수밖에 없었다. 처음 계획했을 당시에는 4평이 조금 넘게 설계했지만 지금은 외부의 데크와 현관문까지 포함해 8평 즈음 되는 집으로 다시 꾸며지고 있다. 집을 지으면서 어려움도 많았다. 일단 경제적인 부분이 제일 컸다. 밥벌이 때문에 전적으로 작은 집 짓는 일에만 몰두할 수가 없었다. 공방 예산을 더 이상 투입하지 않고 자재비를 혼자서 부담해야 하는 것도 어려운 부분이었다. 그래도 다행인 것은 SNS을 통해 작은 집을 짓는 이야기를 꾸준히 공개하다 보니 여러 곳에서 품앗이로 일해 주겠다는 분들이 많이 나타났다는 점이다. 공판장 프로젝트가 끝나고 서울로 올라갔던 날씨와 그의 친구들이 내려와서 며칠을 함께 고생해 주었고, 서울에 사는 목수 한 분도 내려와서 나와 함께 작업을 해 주었다. 충남 아산에서 적정기술을 하는 활동가 한 분도 돕겠다고 하시고

▲ 달과 날씨와 함께 강화도 'Tiny house 워크숍'에 참가했다. 이곳에서 배운 기본 지식으로 정선의 작은 집을 구상할 수 있었다.

▼ 청년공판장@동강 프로젝트의 하나로 시작한 '작은 집'. 날씨와 함께 단열 작업을 하고 있다.

목수 선배 한 분도 며칠을 함께해 주었다. 얼마 전 술자리에서 했던 얘기인데 지난 2년은 인간관계의 최대치를 경험한 것 같다. 지역마다 고마운 분들이 너무 많아 정말 다행이고 감사한 일이다.

간간이 들어오는 적정기술 강의로 근근이 버티며 작은 집 짓기를 마무리하고 있던 와중에 대전에서 한옥을 짓는 대목수인 선배가 연락을 주었다. 나의 적정기술에 대한 활동과 고민, 그리고 현재 작은 집을 짓는 과정까지 모두 페이스북을 통해 보고 있었다고 한다. 선배는 내게 집 짓는 목수를 해 볼 생각이 없느냐고 제안했다. 집이라면 작은 집 짓기 정도만 생각하고 있었는데 뜻하지 않게 목수라니. 망설이는 나에게 선배는 단열 시공부터 난방 등에 적정기술을 접목해 한옥을 짓고 싶다고 설득했다. 현재 개발된 적정기술을 한옥에 제대로 접목할 수 있다면 꽤 근사한 작업이 될 것 같았다. 그렇게 목수 일을 새롭게 시작하게 되었다.

엊그제는 정선에서 한옥 목수 팀들과 작은 집 외장을 마무리하고 왔다. 이제 내장 인테리어만 하고 난로 하나만 만들어 놓으면 어엿한 집이 될 것이다. 다음 주부터는 세종시에 한옥 한 채를 짓기 위해 내려가야 할 것 같다. 목수 일이 꾸준히 들어와서 적당히 먹고살 수는 있을 것 같다. 먹고사는 걱정만 조금 덜면 틈틈이 적정기술을 공부하면서 널리 알리는 활동도 가능할 것이다. 올해에는 지역의 적정기술 활동가들과 함께 개량 구들을 시공하고 보수하는 네트워크 팀을 구성할 계획도 세우고 있다.

마중물 같은 공간

이제 시골 생활도 2년이 되어 가고 있다. 아직은 한참 부족하고 채워야 할 곳이 너무 많다. 그리고 나는 아직 지역에 정착해서 살고 있지 않다. 시골 생활을 말하면서 '자립'이란 단어를 빼놓을 수는 없을 것이다. 내가 생각하는 '자립'이란 일단 먹고 자고 입는 것을 스스로 해결할 수 있어야 하고 또한 지속 가능해야 한다. 제일 중요한 것은 이 모든 것들이 지역 사회의 기반 위에서 일어나야 한다는 것이다. 그런 의미에서 나는 아직 '자립'하진 못했다. 아니 '정착'하지 못했다는 게 더 정확한 표현이겠다. 여전히 나의 생활 기반은 서울과 인천, 그리고 정선과 대전에 흩어져 있다. 비록 장돌뱅이 같은 삶일지라도 다행이라 말할 수 있는 건 '희망'이 보이기 시작했고, 여전히 불안하지만 또한 '행복'하기 때문이다.

앞으로 나는 적정기술과 목수 일로 터득된 기술과 경험을 통해 시골에서뿐만 아니라 도시 빈민들을 대상으로 뭔가를 만들어 보고 싶다. 아마도 마을에너지공방 ○○의 도시형 버전이 될 것이다. 작은 집은 올해 완공이 되면 내가 집을 비웠을 땐(지방에 일이 생기면 장기간 비워지기 때문에) 시골에서 쉬고 싶어 하는 사람들이 내려와서 쉴 수 있는 공간으로 사용하려고 한다. 일종의 셰어하우스라고 해야 할까? 어쨌든 그렇게 해야지만 작은 집을 지은 의도에 부합하기도 하고 그동안 도움을 주신 분들에게 조금이나마 빚을 갚을 수 있을 것 같다.

가끔은 '도시에 남아 남들처럼 평범하게 직장 생활을 했더라면 어땠

효소를 만들려고 아카시아 꽃을 따는 중에
풀밭에 쉬고 있던 이장님 댁 소가 꽃을 탐하길래
한 송이 주었더니 냠름 잘도 먹는다.

을까?'라는 생각을 한다. 물론 안정된 생활을 하고 있었겠지만, 지금처럼 이렇게 하고 싶은 일을 하며 행복하다는 생각은 못 했을 것 같다. 도시에서의 삶을 부정하거나 시골 생활이 무조건 낫다는 의미는 아니다. 각자가 느끼는 행복과 살고 싶은 삶의 방식은 자신이 가장 잘 알고 있을 테니 말이다.

도시에서는 청년들이 일자리를 구하지 못해 잉여로 남아 있고, 시골은 점점 노화되어 청년 구경하기가 어렵다. 어떤 귀농·귀촌 통계 자료를 보니 시골로 가고 싶어 하는 청년들이 늘어나는 추세라고도 한다. 실제로 정글과 같은 도시를 벗어나 대안적 삶을 살기 원하는 청년들을 많이 봤다. 하지만 현실은 혹독하다. 청년들 대다수는 돈도 없고 '빽'도 없다. 특히 시골로 이주하고 싶어 하는 청년들이 모든 걸 혼자 준비하고 계획하고 내려오는 건 쉬운 일이 아니다. 바로 몇 년 전 나처럼 말이다.

생기 없는 지역과 마을에서 좀 더 많은 도시의 청년들이 생기를 불어넣는 일들을 기획하고 하고 싶은 일들을 할 수 있게 도와주는 마중물 같은 공간이 많아졌으면 좋겠다. 그것은 정선의 청년공판장@동강일 수도 있고, 마을에너지공방 ○○일 수도 있고, 다른 지역의, 다른 무엇이어도 좋을 것이다.

마을에너지공방 ○○을 소개합니다

마을에너지공방 ○○은 정선과 영월 등 강원 영서 폐광 지역을 활동 바탕에 두고 농촌 에너지 자립 및 적정기술 제품 보급, 주민 교육과 전문 인력 양성을 취지로 2013년 설립한 공간입니다. 적정기술을 이용한 자원 재활용과 에너지 효율화 기술 개발을 통해 지역민의 자립적, 협동적 경제 참여 기회를 확대하고 지역과 사람 간의 연결을 통한 커뮤니티 공방의 역할을 하고 있습니다.

- 주소 (26136) 강원도 정선군 신동읍 동강로 659-3
- 페이스북 그룹 마을에너지공방 ○○
- 전화 010-9064-0227

정선커뮤니티비지니스센터

커뮤니티비지니스는 지역 자원을 활용한 비지니스 모델을 통해 지역 문제를 해결하는 사업 형태를 말합니다. 정선커뮤니티비지니스센터는 탄광 기념품 사업을 비롯한 아리아리 숲이(e)랑, 동강할미꽃 마을, 마을에너지공방 ○○, 고한시장 내 상상초콜릿 등 다양한 커뮤니티비지니스를 발굴하고 있습니다. 현재는 이름과 조직을 재구성해 하이원희망재단 내 사회적경제지원사업팀에서 업무를 보고 있습니다.

- 주소 (26142) 강원도 정선군 신동읍 의림로 141-40
- 홈페이지 www.high1hmf.or.kr
- 전화 033-378-2822

농촌에서 농사만 짓나요?
우리는 꿈도 짓습니다

충남 홍성 **젊은협업농장**

김성근 jjangga1350@gmail.com

20대 첫걸음을 농촌에서 시작한 초보 농부이다.
몸을 쓰는 공부, 머리를 쓰는 공부를 함께 하고 있다.
지금의 생활이 맞는 것인지 매번 헷갈려
방황할 때도 있지만 내가 살아가는 방향이
끊어지지 않고 큰 흐름을 이어 가는 것 같아 좋다.

2015년, 젊은협업농장의 생산 조합원들.
20대에서 40대까지 연령대가 다양한데, 20대 청년이 네 명이나 있다.
왼쪽부터 정민철, 정영환, 김강산, 신소희, 강경욱, 구해강, 김성근.

ⓒ 민택기

첫봄

첫눈이 왔다. 소복하게 쌓였다. 봄에는 어색했던 곳에서 익숙하게 겨울을 날 준비를 한다. 익숙하지만 미숙하게 한 해를 정리하고 다음 해를 생각한다. '도시와 구별되는 사회 지리적 공간으로 주로 농업에 종사하는 주민들이 거주하는 곳'이라고 사전에 정의되어 있는 농촌에서 4년째 살고 있다. 풀무학교에서 3년을 지내고, 젊은협업농장에서 일한 지 열 달이 넘어가고 있다. 중학교까지는 도시에서 지냈고 고등학교인 풀무학교에 입학하면서 처음으로 농촌에서 살기 시작했다.

선생님, 언니, 친구, 동생, 성서, 생활관 생활, 1학년, 2학년, 3학년, 10가지 약속, 실습지, 실습, 음악, 논문, 뒤 운동장의 별, 말문이 막히는 저녁노을, 이것들을 통해서 '나'를 아는 과정은 정말 즐거웠습니다. 감사합니다.

학교를 창업(풀무학교에서는 졸업을 창업이라고 부른다. 끝이 아니라 새로 시작한다는 의미가 담겨 있다)하면서 적었던 글 중 일부이다. 농촌 속에 있는 학교지만 학생으로만 충실했기에 농촌에 살고 있는 주민이라는 생각을 깊게 한 적은 없다. 협업농장에서 열 달을 지내면서 내가 농촌이라는 지역에 대해 아무것도 모르고 있었다는 것을 절실히 깨달았다. 말이나 책으로 배울 수 없는, 살아 봐야만 아는 농촌이 있다. 농촌에서 4년째, 그러나 지난해가 처음이었다고 말하고 싶다.

풀무학교를 창업하고 지역에 남는 경우는 드물다. 좋은 곳이라 더 벗어나고 싶은 곳이라고 나는 이 지역을 역설적으로 표현한다. 그럼에도 나는 지역에 남아 있기를 선택했다. 명확한 이유, 동기는 없었다. 3학년 진로 상담을 할 때 풀무학교 박완 선생님을 통해 협업농장을 소개받았다. 그때는 협업농장에 대해 전혀 모르고 있었는데, 젊은 사람들이 농촌에서 살 수 있는 방법을 찾는다는 말이 흥미로웠다. 또 무엇보다 박완 선생님에게 계속 배울 수 있다는 점이 좋았다. 협업농장에 가겠다고 마음먹었을 때부터 지금까지 직업으로 농사를 짓겠다고 마음먹은 적은 없다. 하지만 처음과 조금 달라진 것은 있다. 봄에는 농부로 살아간다는 그림을 그려 본 적이 없다. 지금은 농부로 살아가는 것이 어려운 일이기에 신중해야 한다는 것을 안다. '평생 농사를 짓고 살아도 행복하겠구나'라는 생각도 가끔 한다.

> 그는 모교를 사랑했고 그곳을 떠나기가 싫었다. "나는 높은 둥지에서 쫓겨난 어린 참새 같은 기분이었다."
>
> – 험프리 카펜터, 《톨킨 전기》

요즘 읽고 있는 책 《톨킨 전기》에서 톨킨이 고등학교를 떠나는 부분에서 나오는 글이다. 풀무학교를 창업하고 협업농장으로 갈 때의 내 마음 같았다. 나는 높은 둥지에서 쫓겨난 어린 참새일까? 아니면 아직도 높은 둥지를 누리고 있는 걸까?

초보 농부

협업농장은 풀무학교가 위치한 홍동면이 아닌 장곡면에 있다. 2012년 풀무학교 전공부(2년 전공과정) 정민철 선생님과 그해 창업하는 학생 두 명(조대성, 유성환 형)이 '세 남자가 사랑한 쌈 채소'로 시작한 것이 그 뿌리이다. 2010년 즈음, 전공부 입학생 중 젊은 사람들이 늘어나고, 지역에 정착하는 전공부 창업생들도 늘어나기 시작했다. 농촌에서는 30~40대, 아니 50대도 아주 젊은 축에 속한다. 하물며 전공부에 입학한 젊은 사람들은 20대였다. 농農적인 가치를 찾아 지역에 새롭게 모이는 젊은 사람들은 돈, 땅, 기계, 기술, 지역 관계 같은 생산 기반을 가지고 있지 않은 경우가 많다. 이런 젊은 사람들에게 농사를 지을 공간과 지역과 관계를 맺게 도와줄 농업 단체가 필요했다. 그렇게 젊은협업농장이 만들어졌고, 홍성유기농영농조합과 채담이 농장 하우스 여섯 동 중 한 동을 연구 목적으로 빌리면서 세 남자의 농사일은 시작되었다.

'혼자서 일하는 것이 아니라 여러 사람이 함께 힘을 모아 일하는 협업 형태로 꾸린다.' '생산 기반이 부족하기에 농기계 사용을 최소화하고, 따라서 노동력 중심의 농업을 한다.' '기존 농가와 경쟁하지 않고 지역에서 현재 필요로 하거나 주민들에게 도움이 될 수 있는 작물을 키운다.' '농업에 대한 낭만적인 접근을 피하고 농업 현장, 현실에 뛰어든다.' 초기 협업농장을 만들 때 세운 조건들이다. 이런 기준에 맞춰 선택한 작물이 바

협업농장의 주 작물은 쌈 채소이다.
기존 농가들과 경쟁하지 않을 수 있고,
초보 농부가 많은 협업농장의 특성에도 잘 맞다.

로 쌈 채소이다.

협업농장은 협동조합의 형식을 띠고 있다. 자본이 없는 사람들에게 협동조합이라는 방식이 유용했을 것이다. 2013년, 16명의 조합원이 힘을 모아 협동조합 등록을 했는데 현재는 조합원이 44명으로 늘어났다. 협업농장에서 일하는 사람들은 농장에 취업한 직원이 아니라 농장의 조합원 중 한 명이다. 지금은 나를 포함해 여덟 명의 생산 조합원이 있다.

3년의 시간 동안 협업농장에도 많은 변화가 있었다. 그동안 많은 사람들이 왔고, 또 많은 사람들이 떠나갔다. 현재는 창립 멤버 가운데 정민철 선생님만 남아 있다. 하우스 한 동으로 시작했는데 이제 여덟 동으로 늘었다. 초기 1~2년 정도는 30~50대 사이의, 농업을 새로운 업으로 가지려 하는 사람들이 많았다고 한다. 자연스레 생산에 많은 집중을 했고, 협업농장은 독립하기 위한 일종의 나들목이 되었다. 협업농장이 생기고 얼마 안 돼 행복농장, 젊은꾸러미, 옥계열매농장, 텃골작은농장 같이 협업농장과 직간접적으로 관계를 맺는 여러 농장들이 생겨났다. 그러던 차에 2014년 3월에는 해강이 형이, 7월에는 강산이가 협업농장에 들어왔다. 모두 대학을 가지 않고 지역에 남기를 선택한 청년들이었다. 2015년 3월에는 나와 대학을 휴학하고 온 스물다섯 살 경욱이 형이 협업농장에 들어왔다. 이제 협업농장과 지역에서는 20대들의 교육에 대해서도 고민하고 있다. 농업교육은 물론이고 농업 이외의 교육도 농촌에서 가능하다는 것을 보여 주기 위해 다양한 실험과 시도를 하고 있다.

협업농장의 특징을 하나 또 꼽자면 사회적 농장을 지향하고 있다는 점이다. 물론 농장은 생산을 하는 곳이고 1차 목표가 수익을 내는 것

ⓒ 민택기

비닐하우스 안의 밭을 준비하고 있다.
퇴비를 뿌리고 밭을 갈고 골을 탄 다음
레이크로 이랑을 다듬는다.

이다. 하지만 이윤을 남기는 것이 농장을 운영하는 목적의 전부는 아니다. 생산과 더불어 교육, 복지, 진로와 같은 사회적인 역할도 중요하게 생각하고 있다. 지역에 이런 농장이 많아지면 농촌의 모습이 크게 달라지지 않을까 생각해 본다.

그리고 협업농장은 초보 농부들이 있는 곳이다. '귀농', '귀촌', '귀향', '창직', '취농' 등 농촌으로 이주해서 무언가를 새롭게 해 보려는 사람들을 일컫는 말이 많다. 사람마다 농촌에 들어오는 목적과 방향이 조금씩 다 달라서일 것이다. 그러나 농촌에 온 목적 중 농적인 가치가 조금이라도 있다면 별다른 구분 없이 모두 '초보 농부'라는 이름을 가지면 어떨까. 아직 사회를 경험하지 못한 20대 초반은 물론이고 많은 경험이 있는 사람들도 농촌이라는 새로운 공간에 들어왔을 때는 배워야 할 것들이 많다. 농사 기술이나 일의 내용뿐만 아니라 농촌의 생활과 문화를 이해해야 농촌에 자리 잡을 수 있는 기반을 만들어 갈 수 있다. 농촌에 와서 도시에서 습득한 사고의 틀이나 잣대를 고집하면 농촌에 적응하기 어렵다. 만약 그런 사람들이 많아지면 농촌 또한 도시의 아류로 전락하게 되고, 어쩌면 농촌은 쌀을 만드는 공장이 될지도 모른다. 지금은 초보 농부이지만 많이 배우고 많이 경험하다 보면, 어느새 그냥 농부가 되어 있지 않을까. 따라서 지금 나는 어떤 수식어보다 농촌과 농업을 배우러 온 '초보 농부'라는 말이 좋다.

ⓒ 민택기

젊은협업농장은 풀무학교 학생들이
공부하는 교육의 장이 되기도 한다.
이날은 창의적 체험 활동 시간으로 농장 식구들과
학생들이 함께 감자를 캐고 있다.

반복되는 일상

협업농장에 들어와서 열 달 동안 반복한 일상은 대개 이렇다. 해가 빨리 뜨는 여름에는 다섯 시 반, 해가 늦게 뜨는 겨울에는 여덟 시까지 자전거를 굴려 농장에 간다. 농장에 가면 보통 해강이 형과 강산이, 경욱이 형이 먼저 나와 있다. 20대 사이에서 난 지각 대장이다. 초등학교 때부터 고치지 못한 습관인데 변명할 말이 없다. 게으름은 농사를 짓는 데 가장 큰 문제이다. 뒤이어 영환이 형, 소희 누나, 정민철 선생님이 농장에 나온다. 발주를 확인하고 쌈 채소를 수확하기 위해 하우스를 옮겨 다닌다. 쌈 채소를 따면서 음악과 팟캐스트를 자주 듣는다. 또 자연히 농장 사람들과 이야기를 많이 하게 되는데 작업에 대한 간단한 소통과 안부는 물론 공적인 삶에 대한 정민철 선생님 강의부터 해강이 형의 난센스 퀴즈까지 다양한 이야기가 오간다. 느닷없이 어떤 주제가 떠올라 격한 토론이 벌어지기도 한다. 그러나 조용히 일만 할 때도 많다. 말을 하면서 수확하면 손이 느려진다고 욕을 먹기도 한다. 허나 혼자서 수확을 하면 얼마나 지루하던가.

협업농장에서 하는 일 중 가장 많은 시간을 차지하는 것은 당연히 쌈 채소를 수확하는 일이지만 이 외에도 여러 가지 일이 있다. 수확하기까지 모종을 내고 퇴비를 뿌리고 밭 준비를 하고 정식을 한다. 주문량이 늘어나 포장하는 일도 늘어났다. 병충해가 많아지는 여름, 겨울에는 만들거나 구입한 유기농 자재로 약을 뿌린다. 쌈 채소 외에도 다양한 작물을 가꾼다. 감자와 벼도 심고 거둔다. 여름에는 풀들과 싸운다. 하우스

상품으로 낼 수 없는 호박을
이웃 농장인 텃골작은농장(양계장)의 닭 먹이로 갖다주려고
트럭에 실었다. 점심을 먹은 지 얼마 되지 않고
날이 따뜻해 해강이 형과 나는 트럭에 몸을 뉘었다.
호박을 실을 때도 누울 자리를 잊지 않았다.

손 모내기를 하기 전에
모를 한 줌씩 떼어 논에 골고루 던지고 있다.
모내기를 편하게 하기 위해서는
논 한가운데까지 멀리 던져야 한다.
하나 둘 셋! 사진은 설정 샷.

보수를 하고 쓰레기를 치우고 마을 행사가 있을 때 돕는다. 다른 자잘한 일도 많다. 이 모든 일은 나 혼자서 할 수 없다. 각자 잘할 수 있는 일과 잘 못하는 일을 조금씩 나누어 하고 서로 돕는다.

앞에서 말했듯이 협업농장에서 쌈 채소를 선택한 이유는 기존의 지역 농가와 경쟁하지 않으면서 초보 농부가 많은 협업농장에도 적합했기 때문이다. 1년에 여러 번 심고 수확하기 때문에 1년 농사를 한 번에 망칠 위험이 적고 짧은 시간에 같은 작업을 여러 번 반복하기 때문에 금방 익힐 수 있다. 하지만 농장에서 일을 시작하면 매일같이 땀을 뻘뻘 흘리며 일할 것이라고 생각했던 나에게 매력적인 작물은 아니었다. 땀을 뻘뻘 흘리지 않는다고 해서 수월하다는 것은 아니지만, 그래도 20대 초반 남자 네 명이 쪼그려 앉아 매일같이 상추를 한 장, 한 장 따는 것은 도 닦는 일에 가까웠다.

하우스 여덟 동에서 돌아가며 쌈 채소를 키우기 때문에 365일 빠짐없이 수확을 해 주어야 한다. 농사를 짓는 농부에게 정해진 주말과 휴일은 없다. 협업하는 구조이기 때문에 개인 일정이 있을 때는 돌아가면서 시간을 뺄 수도 있다. 하지만 매일 일하러 나와야 하고, 일이 생겨 빠질 때는 눈치를 봐야 하는 것은 힘들다.

협업농장에서는 농장 일을 오전, 늦어도 오후 4시에는 마치려고 노력한다. 사실 다른 농부들에게는 말이 안 되는 소리지만 5시 즈음 시작하는 공부 모임들에 참여하려면 그렇게 해야 한다. 일을 덜 하는 게 아니라 해야 하는 일을 최대한 몰아서 오전에 끝내고 좀 더 자기 시간을 가지자는 것이다. 그러나 사실 해야 하는 일은 끝이 없고 오전에 일을 마칠 수 있을 때는 농한기뿐이었다. 반면 농번기 때에는 일을 다 못 마쳐 공부 모임에 늦기도 한다.

　지역에는 요일별로 다양한 공부 모임들이 있다. 풀무학교 60여 년의 역사 동안 마을이 만들어졌고 이 과정에서 서로 배우고 나누는 문화 역시 만들어졌다. 공부 모임은 반복되는 일상 중 내가 가장 좋아하는 시간이다. 나는 풀무학교의 박완 선생님께 '식물생리학'과 '생화학' 수업을 듣고 일본어 성서 잡지인 《생명수》 읽기 모임에도 함께한다. 못 알아들을 때도 많지만 매 시간마다 한마디라도 더 알아듣고 싶어 집중한다. 자연과학 수업을 할 때 생명 현상을 어찌 그리 명료하게 표현할 수 있을까 감탄한다. 인문학 공부 모임인 철학과 문학 수업도 흥미롭다. 철학 시간에는 매 시간마다 김재인 선생님이 고른 한 명의 철학자와 사상에 대해 공부하고, 문학 시간에는 장은수 선생님과 함께 시 한 편과 《햄릿》을 한 장씩 읽는다. 답을 가지고 있지 않은 문제들에 대해 끊임없이 생각하는 것은 어렵기도 하면서 흥미진진하다. 이 외에도 기타 수업도 있고 일본 여행 준비로 불타오르고 있는 일본어 기초 수업도 있다. 얼마 전부터는 〈시골로 간 영어 강사 나디아〉라는 팟캐스트를 통해 영어 공부를 시작했다. 생물학 교과서를 원어로 읽는 모임도 천천히 시작되었다. 사진 수업, 한시 읽기 모임, 독서 모임 등 단기적으로 구성되는 강의들도 있다. 사실 지금도 일을 하면서 많은 공부 모임들을 하기에 벅차지만 될 수 있는 한 많이 배우려고 한다. 혼자서는 공부를 못 하는 것을 잘 알기에 함께 공부하려 한다. 많은 것을 가르쳐 줄 수 있는 선생님들이 주변에 많아 감사하다.

뜨거운 여름날 이웃 농장인
행복농장 꽃밭에서 모종 심는 일을 도와주고 있다.
왼쪽부터 구해강, 강민수, 김강산, 김성근.
모두 예쁘게 웃고 있다.

마을에서 하는 공부가 4, 5년 후에도 이어지기 위해서는 학위가 필요할 수도 있기에 방송통신대학교에 입학했다. 방통대 학과 중 내가 원하는 공부인 자연과학에 가장 가까운 농학과를 선택했다. 하지만 마을에서 하는 공부 모임들과 달리 혼자서 정해진 시간 없이 해야 하는 방통대 공부는 생각보다 쉽지 않았다. 오전에 일을 하고 오후에 공부 모임을 가고 저녁에는 방통대 공부를 하는 '한 주기'를 꾸준히 한 적이 없다.

공부 모임은 아니지만 일요일에는 풀무학교에서 하는 일요 집회에 종종 나간다. 보고 싶은 사람을 보러 나가기도 했지만 말이다. 종교와는 무관한 가정에서 태어난 나는 풀무학교를 창업했지만 여전히 기독교, 무교회, 성서에 대해 잘 모른다. 그러나 무교회 신앙은 매력적으로 다가온다.

> 무교회주의자는 대개 정치적 혁명성을 보이지는 않았으며 자기 정신의 혁명을 기초로 생활의 혁명을 이루고자 했다. 그렇지만 이런 사유가 때로 예기치 않게 사회 전체의 진보를 가져오기도 했다.
> — 김건우, 〈무교회주의와 지역공동체〉, 《주간동아》 1015호

위의 문장이 왜 이렇게 가슴을 울릴까. 이렇게 살아가는 사람들을 가까이서 본다. 나도 따라가야겠다고 생각한다.

협업농장에서는 함께 일하는 사람들끼리 많은 것을 공유하고 많은 시간을 보낸다. 협업농장이 궁금해 찾아오는 사람들도 공동체냐고 많이 물어본다. 매일 함께 일하고 공부하기에 그렇게 보일 수도 있겠지만 우

리는 공동체가 아니라고 강조한다. 농장 일이 끝난 후에는 무슨 일을 하든 상관없다. 물론 '다음 날 농장에서 일을 멀쩡히 하는 한에서'라는 조건이 붙는다. 하지만 '어젯밤에 뭐했노'라고 서로 묻는 아침에는 어쩔 수 없이 서로 간섭하게 된다. 이것이 좋기도, 싫기도 하다.

요즘 농장에서는 마을 만들기가 이루어지는 곳에 견학을 자주 가려고 한다. 장곡 지역도 마을이 만들어지는 단계이기 때문에 바쁜 일상 속에서도 짬을 내서 여러 곳을 가 보고 있다. 마을을 만들어 가는 과정을 지켜보고 함께할 수 있다는 것이 기쁘다.

첫눈

첫눈이 왔다. 소복하게 쌓였다. 작년이었으면 하얗게 덮인 학교 뒤 운동장에서 눈싸움을 하고 있었을 거다. 올겨울에는 첫눈 오던 날 농장에서 키우던 오리 한 마리를 땅에 묻었다. 그 위로는 효리(농장에서 키우는 염소) 똥과 먹다 남은 음식 찌꺼기가 쌓인다. 그 위로 눈이 한 번 더 덮여 흰 무덤처럼 보인다. 6월 초 모내기를 한 뒤부터 논에서 일하던 오리였다. 밥을 챙겨 줘야 하는 오리는 우리 논에서 일하던 흰 오리 서른 마리와 이장님 논에서 일을 마치고 온 갈색 오리 일곱 마리까지 서른일곱 마리가 있었다. 저녁밥을 줄 때 오리가 집으로 다 들어가야 오리집을 잠그고 나도 밥을 먹으러 간다. 논둑을 둘러 망을 치지만 사람이 없는 밤이 되면 야생동물들이 무슨 짓을 할지 모른다. 새끼 오리 때부터 밥을 줄 때 사람이 '꽉꽉' 소리를 내면 오리는 그 소리를 듣고 집으로 몰려 들어온다. 하지만 말을 듣지 않는 오리 두세 마리가 꼭 있다. 그 녀석들을 집에 넣기 위해 이리 몰고 저리 몰지만 들어가지 않고 그 사이 밥을 먹을 만큼 먹은 나머지 오리들이 다시 우르르 나온다. 이런 날이면 논둑에서 오리가 집에 들어갈 때까지 하염없이 기다려야 한다. 기가 막힌 노을에 취해 둑에 걸터앉아 책을 읽거나 방통대 시험공부를 할 때가 있는 한편 얼른 집에 들어가고 싶은데 말 안 듣는 오리가 미워, '차라리 죽어버려라' 하고 욕한 적도 있다.

  한창 오리들을 원망하던 7월 말, 오리를 집 안으로 넣지 말자는 누군가의 제안에 냉큼 동의하고 밥만 주고 오리집을 잠그지 않았다. 며칠은 괜찮아서 안심하고 있던 어느 날, 오리가 몇 마리 사라진 게 보였다. 논둑을 둘러봐도 별 문제는 없어 보여 대수롭지 않게 넘겼다. 그리고 그 다음 날, 오리집에는 겁에 질린 흰 오리 일곱 마리만 보였다. 이상해서 둘러보니 논바닥 곳곳에 오리들이 누워 있었다. 들어가 보니 너구리 발자국과 고라니 발자국이 보였다. 고라니는 오리를 먹지 않으니 너구리 소행이다. 먹지도 않고 물어뜯기만 해 논바닥에 죽어 널브러져 있는 오리는 열 마리 남짓. 나머지 스무 마리는 물려 갔거나 놀라 둑 한쪽으로 도망간 것 같았다. 아, 너무 미안했다. 아니, 미안하다는 걸로는 아무것

도 해결이 안 된다. 뭐라고 해야 할까. 너무 나빴다. 눈길을 돌린 채 논에서 오리를 한 마리, 한 마리 꺼낼 땐 소름이 돋았다.

오리는 보통 중간 물떼기 할 때 논 밖으로 꺼낸다. 오리들이 죽었을 때는 중간 물떼기 하는 시기는 조금 지나 있었다. 오리 농법의 목적 중 하나는 논에서 축산을 함께 하자는 것인데, 중간 물떼기 할 때는 오리가 작아서 먹을 것이 없다. 살이 찔 때까지 조금 더 키워 보자는 것이었는데 그 사이 다 죽고 일곱 마리밖에 안 남은 것이다. 남은 오리는 나 역시 커다란 야생동물로 보였는지 도망만 다녔다. 남은 일곱 마리라도 잘 키우자고 마음먹었다. 하지만 살은 쉽게 오르지 않았고 어쩌다 보니 12월까지 밥을 주게 되었다. 마을 어른들이 나한테 하는 인사말이 "오리 언제 잡냐?"가 된 지도 오래다. 날씨가 추워지면서 내 몸은 다시 조금씩 게을러졌다. 제주도로, 서울로 왔다 갔다 할 일이 생기면서 밥 주는 일을 다른 사람에게 부탁하기도 하고 오리에 대한 관심도 떨어졌다. 그러자 매일같이 꼭 주던 오리 밥을 거르는 일이 종종 생기고 횟수도 조금씩 늘어났다. 오리는 겨울에도 야생에서 살아갈 수 있는데, 집에 가두어 놓은 채로 잘 못 먹이니 면역력이 떨어졌던 것 같다. 그렇게 첫눈이 오던 날 오리 한 마리를 죽였다. 나는 밥 잘 먹고 살이나 찌면서 말이다. 오리

오리집 문을 열자 흰 오리들이 빠른 속도로 어린 모가 심겨 있는 논을 가로지른다. 일하는 것이 좋은 건가, 아니면 일하는 것이 아닌가. 오리는 항상 저렇게 우르르 몰려다닌다.

가 배고프다 우는 소리도 들었다. 멋쩍은 욕 한 번 하고, 펑펑 울고 싶지만 누가 볼까 눈물만 찔끔 흘린다. 첫눈에 덮인 흰 무덤을 보고 한 해를 어떻게 살았나 생각해 본다. 책임지지 못한 것이 많다. 초라하다. 올해 겨울은 이상할 정도로 포근하고 눈도 잘 안 온다. 눈 녹은 흰 무덤은 조금은 덮여 있던 부끄러움을 뚜렷이 보여 준다.

다시, 봄

농장에서 같이 일하는 동갑내기 강산이가 장곡면사무소 옆에 있는 지정 이용원이 예쁘지 않냐고 물어본다. 작은 마당에 빨간 벽돌집이 마음에 든다고 한다. 한 번도 유심히 본 적은 없어 다시 한 번 확인해 본다. 강산이는 나중에 그 집을 사서 식당을 만들고 싶다고 한다. 바이크 샵과 함께……. 강산이는 요리와 자전거를 좋아하는 친구다. 나는 슬쩍 술을 만들어 납품하겠다고 말한다. 계획 없는 계획이지만 머릿속에 떠올려 보면 왜 이리 기분이 좋은지 모르겠다.

작년 봄, 우리 20대들은 협업농장 일 말고 하고 싶어 하는 일에 대해 이야기를 나눈 적이 있다. 나는 전통주에 관심이 많고 풀무학교 창업 논문을 위해 누룩을 만들어 미생물 실험을 한 적이 있었다. 쌀과 밀을 직접 키워 술을 만들면 재밌겠다고 생각해서 논 50평을 나누어 벼를 키우고 수확을 해서 그 쌀로 막걸리를 담가 보기도 했다. 지난가을에는 토종 밀인 '앉은뱅이밀'을 뿌렸는데 올겨울 동안 싹이 자라 얼었다 녹았다를 반복하고 있다. 올여름에 밀을 수확하고 누룩을 직접 만들어 가을에

점심 먹으러 가는 길. 차에 한 자리가 부족하다.
해강이 형은 트렁크로 들어가고 입에 재갈을 문다.
나머지도 곧바로 연출.
저 상태에서 그대로 문을 닫고 밥 먹으러 출발!

ⓒ 민택기

당일치기 혹은 1박 2일로
자전거 여행을 떠나는 동아리 '바이시끌'에서
자전거를 타고 있다. 나는 출퇴근도 자전거로 한다.
항상 변하는 풍경을 보며 자전거를 탄다.

수확한 쌀로 겨울에 술을 빚으면 한 주기가 완성된다.

올해 계획이 무엇이냐. 나에게 물어본다. 한 번도 1년 계획을 세워 본 적이 없다. '해야 할 일 열심히 하자', '좋아하는 것을 책임지자' 정도일 뿐 구체적인 것은 없었다. 농장에서 한 가지 제안을 해 왔다. 원한다면 협업농장에서 파트타임으로 일해도 된다고. 농장에서 오전에만 일하거나 요일을 선택해 월, 수, 금에만 일을 하는 식이다. 그 대신 다른 일을 만들어야 한다. '혼자서 공부하겠다'처럼 지속 불가능한 것은 안 된다. 스스로에게도 의미 있고, 지역에서도 필요로 하는 일을 찾아보아야 한다. 그리고 가능하면 그 일에서도 수입이 있으면 좋겠다고 한다. 물론 협업농장에서 풀타임으로 일해도 된다. 좋은 제안이었고 나 또한 원하던 바였지만, 별다른 계획이 없는 나에게는 또 어려운 제안이었다. 여러 자리를 통해 농촌에서 지내는 다양한 청년들을 만나기도 하고, 이번 원고를 쓰면서 다른 지역의 청년들이 쓴 원고들도 읽어 보았다. 나와 비슷한 또래인데 에너지나 능력이 대단하다. 다른 지역의 청년들 이야기를 들어 보면 이곳에서의 내 생활이 수동적이라는 생각이 든다. 협업농장 안에서 내가 어떤 선택을 할지는 모르겠지만 이런 아쉬움들을 해결할 수 있는 선택이 되리라 기대해 본다.

해강이 형과 강산이는 올해 여름 예정으로 입영 소집 영장이 나왔다. 봄이면 열여덟 살, 열아홉 살 친구 두 명이 고등학교(대안학교)를 졸업하고 농장에 와 함께 일할 것 같다. 아마 올해에도 농장에는 많은 변화가 있을 것이다. 그리고 나에게도.

젊은협업농장을 소개합니다

농업을 꿈꿨던 사람들이 2012년 충남 홍성군 장곡면에 모여 농사를 시작하였습니다. 처음 3명으로 시작해서, 현재 농업을 지원하는 40여 명의 조합원들과 농업을 실천하는 7~8명의 조합원들이 협동조합 농장을 운영하고 있습니다. 다양한 사람들이 다양한 경험을 기반으로 함께 배우고 가르치고, 독립하고 연대하는 협업농장입니다. 농약과 화학비료를 사용하지 않고 퇴비와 유기농 자재를 사용하여 안전한 먹거리를 생산하고 있습니다. 현재는 다양한 종류의 쌈 채소 생산에 주력하고 있습니다. 신규 농업인에게는 유기농 교육을 제공하는 한편, 지역 농업인과는 적극적인 교류를 통해 함께 살아가는 농촌을 만들고자 합니다.

- 주소 (32298) 충남 홍성군 장곡면 홍장남로 101번길 46
- 홈페이지 collabo-farm.com
- 이메일 us@collabo-farm.com
- 전화 010-8331-7214(정영환)

해강산 프로젝트
협업농장에서 일하고 있는 해강이와 강산이(해강산)가 진행한 프로젝트입니다. 해강이와 강산이는 지역에서 스무 살, 열아홉 살부터 일했습니다. 해강이와 같은 집에 살던 순리필름은 매일같이 늦은 시간까지 일하고 집에 들어와 잠만 잘 수밖에 없는 상황을 아쉬워했습니다. 어린 나이에 좀 더 다양하고 넓은 것을 접하면 좋겠다는 해강산과 주변의 의견이 모여 해강산 프로젝트가 진행되었습니다. 해강산 프로젝트는 1부 글쓰기, 2부 여행, 3부 발표회로 꾸려 갔습니다. 2부 여행에는 지역에서 클라우드 펀딩을 받아 캄보디아로 자전거 여행을 떠났습니다. 많은 우여곡절 끝에 2015년 8월, 3부 발표회까지 해강산 프로젝트는 마무리되었습니다. 해강산의 해강산 프로젝트는 끝났지만 이제 다른 친구들의 해강산 프로젝트가 수없이 남아 있을 겁니다. 이번 프로젝트는 농촌 지역에서도 젊은 청년이 다양하게 활동할 수 있다는 것을 보여 주는 발걸음이었습니다. 앞으로 많은 해강산이 나타나길······.

바이시끌

당일치기 혹은 1박 2일로 자전거 여행을 떠나는 동아리입니다. 처음에는 협업농장 안에서 자전거를 사랑하는 사람들이 작게 시작했습니다. 지금은 협업농장 사람들뿐만 아니라 지역에서 일하시는 분, 풀무학교 전공부 학생 등 지역 사람들과 함께하고 있습니다. 협업농장에 놀러 온 친구들과 함께 가기도 합니다. 바이시끌의 목표는 서해안을 타고 내려갈 수 있을 만큼 내려가는 것입니다. 농장에서 해야 하는 일이 있기 때문에 일정을 길게 잡지는 못합니다. 그래서 처음 출발한 곳은 홍성이지만 다음 여행은 지난 여행의 도착지에서 시작합니다. 그 사이 이동 수단을 찾는 것이 가장 큰 숙제입니다. 2015년에는 다섯 번 정도 움직였습니다. 일상에서 벗어나 자전거를 굴리는 것은 휴식이 됩니다. 2016년에는 더 많이 움직여 보려 합니다.

에필로그

앞으로 농촌에 올
수많은 청년들에게

정민철(전 풀무학교 전공부 교사, 젊은협업농장 이사)

L에게

이젠 아줌마겠네. 남편까지 포함하여 애가 네 명이라고 하던데……. 유기농 사과 농사는 잘되는지 모르겠다. 뭐, 글이니까 괜히 관심이 있는 척하는 거지 솔직히 평상시엔 아무런 생각을 안 하는 사람이라는 것을 네가 더 잘 알 것이라고 생각한다. 첫해 학교에 왔을 때는 교사도 학생도 모두 처음 겪는 상황들의 연속이어서 정신이 없었던 것 같다. 그땐 누구보다 선생이 더 방학을 기다렸으니. 어쨌든 네가 풀무학교생협(그때는 풀무학교교직원협동조합)에서 빵을 만들겠다고 했을 때는 참 고마웠다. 내 입장에선 이전 학교생협에서 비누와 빵을 만들던 선생님이 빠지면서 1년간 멈춰 있던 학교생협을 맡아 달라는 지역의 요구를 거절할 수 없는 상황이었다. 특히, 지역 학생들에게 제공하던 빵과 지역 단체들이 사용하던 재생비누 생산이 중단되면서 그 역할을 청년교육기관에서 맡으라는 요구를 거절할 명분이 없었다는 것이 맞는 말이겠지. 알았다고는 했지만 내가 생각해도 참 답답한 상황이었다. 돼지를 키우던 돈사를 아주 약간 고친 빵을 만들던 공간, 엄청난 힘을 요구하는 재생비누 시설. 나라도 그 일을 못 하겠다는 생각이 들었다. 이전과 달리 이 시설을 기반으로 바로 자립을 해야 하는 상황에서 수익은 얼마나 날지, 인건비는 나올지……. 그래도 20대 중반이었던 너라도 하겠다고 했으니 다행이라는 생각이 들었겠지? 그 허름한 공간에 앉아서 선생님들은 원대한 꿈을 꾸었지. 지역민, 특히 지역 청소년을 위해 지역에서 생산된 건강한 밀과 농산물로 유기농 빵을 만들고, 지역 농민의 경제적 안정과 지역 내 순환경제를 위해 지역 농민이 직접 농산물을 가져다 놓고 판매하는 직거래 매장을 운영하고(로컬 푸드가 유명해진 건 10년 뒤였으니), 폐식용유를 모아서 비누를 만들어 판매하면서 지역 환경을 재생하자는.

  일단, 지역에서 밀을 생산하게 만들어야 했고, 지역에서 생산된 농산물을 가져와서 빵 재료를 만들어야 했고, 그러다 보니 가격은 너무 비싸지고, 농민들은 직접 농산물을 매장에 가져와서 판매한다는 것을 도저히 이해를 못 해 그냥 몇 톤 가져가라고 요구했지만 우린 돈도 없고 보관 장소도 없었지. 폐식용유를 모으기 위해 다니면서 기름을 더 많이 사용한 것 같고, 만든 빵과 비누는 도통 질의 균일성을 보장할 수 없었다. 총회에서 회계 정리를 못 했다고 보고하면서 안절부절못하던 네 모습과 '괜찮다고, 내년에는 잘될 거'라고 위로해 주던 이사장 선생님들의 모습. 솔직히 난 네가 월급으로 얼마를 가져가는지도 궁금하지 않았고, 근무 조건이 어떤지도 생각하지 않았다. 명절 하루만 빼고 363일 운영하라고 요구하는 등 자기 일을 제대로 못 함을 꾸짖고 해야 할 일만 채근하는 역할만 했지. 그래도 그 견딤 속에서 하나하나가 만들어져 온 것이라고 위로하고 의미를 부여하기는 하지만 다시 그런 상황이라면 어떻게 할지 고민이 된다.

난 여전히 현재 갓골의 많은 단체들이 만들어진, 그리고 다양한 활동이 이루어진 결정적인 계기는 학교생협의 활성화라고 이야기한다. 아마 사람들은 모를 거야. 학교생협의 통나무 건물이 만들어지기 전 갓골의 그 황량한 모습을. 집을 지을 때 그곳은 사람 살 곳이 아니니 짓지 말라는 말을 들을 정도였으니. 그때 갓골은 홍동면에서 땅값이 제일 싼 곳이었다. 사람들이 다니지 않는 그 황량한 곳에 학교생협을 신축하자는 제안을 처음 했을 때 사람들의 반응이 아직도 기억난다. 신축 경비를 조합 출자금으로 모으고 현 조합원들은 의무적으로 출자금을 증액하자는 제안을 했을 때 표정을 말이다. 돈키호테의 행동을 보고 있던 사람들의 표정도 아마 그랬을 거야. 그래, 출자금을 모으기 위해 풀무학교교직원협동조합을 풀무학교생활협동조합으로 바꾸면서 처음으로 지역 사람들이 조합에 참여하기 시작한 거지. 지금 생각하면 참 앞뒤 없는 제안이었다고 생각한다.

그곳에서 유기농 통밀빵을 만드는 레시피를 새로 배우고, 직거래 매장을 새로 만들면서도 잘될 것이라는 생각은 하지 않았던 것 같다. 누가 이곳에 유기농산물과 유기농 빵을 구입하러 오겠냐는 말을 들을 정도로 외진 곳이었고, 유기농산물을 생산은 하지만 소비는 없는 게 지역 상황이기도 했으니까. 손님이 없어 만든 빵을 상하기 전에 주민들에게 돌리고, 빵이 덜 익었다거나 맛이 없다고 사람들에게 핀잔을 듣고, 어린이집 애기들은 통밀빵이 너무 거칠다고 먹지 않는다는 말을 듣고, 매장은 사람이 없어 무인 판매장으로 운영하고, 그곳에서 돈이 없어져 지역 학생들에게 도둑질을 가르치는 곳이라는 욕을 먹고, 손님이 와도 인사하지 않는다고, 그리고 직원들이 푸근하지 않아 사람들이 오지 않는다고 혼이 나고. 하여튼 칭찬보다 욕을 더 많이 먹는 일상의 연속이었다는 생각이 든다. 또 어쩌면 그렇게 정확히 문제를 지적하는 비수와 같은 비판은 많은지……. 잘되라는 뜻으로 말한다는 단서와 함께. 물론, 나도 위로나 방어를 해 주는 역할을 하기보다 희생하라는 요구만 했을 거라는 생각이 든다. 그때 불던 사회적 기업 육성의 바람으로 학교생협도 사회적 기업을 신청하라는 여러 번의 제안을 모두 물리친 기억이 난다. 지원을 받는 동안에는 수월하겠지만 지원이 끊어진 이후 우리가 견딜 수 있을 정도로 역량이 높지 않다는 말로. 경제적으로 어려운 상황에서 생협 이사들의 결정이 속으로 서운하기도 했겠지만 선뜻 동의해 주어서 고마웠다.

일본 원예가 카야마 미키 씨의 도움으로 학교생협 앞에 정원을 만들고, 그물코출판사가 들어오고, 헌책방 느티나무책방을 만들어 가면서 그곳은 단순히 빵을 만들고 판매하는 공간이 아니라 사람들이 모이고 만나서 이야기하는 지역의 공간으로 역할이 변하기 시작했어. 사람들이 모이면서 학교생협은 활동의 중심이면서 새로운 일이 만들어지는 공간의 역할을 했다고 생각한다. 슬레이트 지붕의 돈사에 이리저리 칸막이벽을 만들어 새로운 공간을 하나씩 만들어 가고, 규방공예, 뜸방, 논배미 등의 단체가 계속 들어오기 시작했다. 그 과정에서 모든 역할이 학교생협에 부여되면서 실무 담당자인 너는 더 많은 것을 요구받았을 것이라는 생각이 든다. 응, 맞아. 문화적 혜택, 직원의 복지, 역할의 규정, 직위와 권한에 대한 논의보다 지역에서의 역할과 필요성, 그리고 없던 무엇인가를 만들어 낼 때 필요한 방향과 열정에 대한 강의가 더 많았을 거야. 어느 누구도 현재의 모습을 기대하지 않았고, 상상하지 못했을 거야. 네가 학교생협을 그만둘 때만 해도 이전과는 비교 못 할 정도로 매출이 올라 직원 여섯 명이 안정적으로 일할 정도는 되었다는 기억이 난다. 나야 원래 그런 인간인데 너는 어떻게 견뎠는지 신기할 뿐이다. 아마, 지금 다시 하라면 못한다고 대답할 듯하다. 애기 키우는 것이 더 쉽다고 말하려나?

그때와 달리 지금은 다른 농촌 지역에서도 식당, 가게, 빵집, 책방 등이 다양한 형태로 많이 만들어지고 있는 듯하다. 특히, 청년들이 그런 일에 많이 참여할 거라고 생각한다. 도시의 그 많은 가게와 동일한 업종이기 때문에 동일 기술과 경영 형태를 가지고 운영하면 된다고 생각할 수 있을 것 같다. 그러나 형식이 아니라 내용을 다시 한 번 고민해 봐야 한다는 생각이 든다. 왜냐하면 농촌을 도시와 비슷하게 만들어야 하는 것이 아니라 농촌을 농촌답게 만들어야 하기 때문에. 그 시기에 합의된 다양한 결과는 그러한 모습의 일부를 보여 준다고 생각한다.

'농촌의 협동조합의 조합원은 단지 출자한 사람만이 아니라 지역 사람 전체로 봐야 하기 때문에 굳이 조합원과 비조합원을 구분할 필요가 없고, 조합원은 지역을 위해 우선적으로 움직이는 사람이다.' '1차 농산물은 전시, 판매가 목적이 아니라 10%의 관리비만 받는 농민 장터의 성격을 가져 사업과 교육이 동시에 진행되는 공간이어야 한다.' '판매율을 높이기 위해 쇼핑몰 등을 통해 지역 외부로 판매망을 전환하는 것이 아니라 지역 내 판매율을 높이는 방안을 끊임없이 고민하여 재료의 지역성만이 아니라 존립의 지역성을 같이 찾아가자.' '생산 공간이지만 지역 학생들의 교육 공간으로 발전시켜 나가고 수익만을 위한 사업이 아니라 지역이 필요로 하는, 지역 농민과 농민단체에게 도움이 될 수 있는 사업 내용을 고민하자.' '지역이 지금 학교생협에서 하는 일을 받을 때 경쟁할 것이 아니라 우리는 지역이 앞으로 필요로 할 다른 사업으로 전환하자.' 그때 논쟁의 결과는 협동조합과 지역 경제를 바라보는 지역의 입장을 정리하는 데 큰 역할을 했다고 생각한다. 가장 격렬하게 했던 논쟁은 임금 수준에 대한 것이었다고 기억한다. '이익률이 높아지는 경영이 아니라 인건비와 운영비 등을 맞추고도 남으면 제품 가격을 낮추어 간다'라는 결론은 인건비의 적절성이 어느 정도인가라는 논쟁으로 이어졌고, 그 기준이 국가에서 지정하는 최저임금인가, 아니면 우리 가게를 이용하는 지역민의 경제적 수준인가, 아니면 개인을 기준으로 할 것인가를 가지고 결론 없는 논쟁이 벌어졌지. 어느 사회학자가 임금 수준에 대해 논의하는 단계는 사회를 새로 구성하는 것이라는 말도 한 것 같다.

  이론적인 결론을 실천으로 연결시키기 위해 고생 많았다는 말을 전한다. 수고했다. 아마, 다른 사람들은 모르겠지만 나를 포함한 누군가는 너의 수고를 충분히 기억하고 있다고 생각한다. 어쩌면 나중엔 몇 년도에 매출이 가장 높았다거나, 언제 건물이나 기계가 새로 들어왔다거나 활동 내용이 바뀌었다는 등의 눈에 드러나는 것으로 학교생협의 역사를 기억할지 모르겠다. 겨우 15여 년을 지나는 학교생협을 보면서도 느끼지만, 아무것도 없는 시기에, 아무런 전망도 보이지 않던 그 시기에, 그리고 대부분은 이것이 왜 필요한가라고 의문을 가지는 시기에 누군가 기초를 쌓고 방향을 잡으면서 지치지 않고 견뎌 왔는가를 기억하는 것이 지역의 역사를 이해하는 중요한 지점이라는 생각이 든다. 굳이 이것을 기억해 내려는 사람도 없고, 알고 있는 사람도 몇 되지 않겠지만 지역을 이해하기 위해서는 너와 같이 지역에서 일을 하면서 지나간 수많은 사람들의 고단한 수고에 기초하고 있다는 것을 알게 된다면 현재 그리고 앞으로 지역에서 일할 청년들이 좀 더 겸손하게 그리고 (미안하지만) 좀 더 무겁게 접근할 수 있지 않을까 하는 생각도 든다.

지금 너에게는 그 일들이 어떻게 평가되는지 모르겠지만, 너의 삶이라는 긴 선을 이어 주는 하나의 점이었으면 한다. 다시 한 번 수고했다는 말을 전한다.

K에게

처음 논생물에 대해 관심이 있다고 (창업논문과 관련하여) 했을 때 나는 잘되었다는 생각을 했다. 그때는 나도 지역 농민단체의 요구로 끌려 들어간 한일논생물조사교류회 때문에 아주 정신이 없을 때였기에 더 반가웠다. 그 관련 행사로 일본을 가는데 풀무학교도 참가해 달라는 지역 농민단체들의 요구를 거절할 수가 없어서 대신 보낼 사람을 찾고 있었기 때문이야. 뭐, 너를 보낼 때도 주변 교사들에게는 욕을 많이 먹었어. 공평하게 선발하지 않고, 관심 있다는 말에 특혜를 주었다는 논리로. 나야 그래도 관심이 있는 사람이 다녀오는 게 향후 진로와 활동을 위해서도 좋을 것이라고 반박했지만, 그런 비난은 한참을 갔었다. 일본 견학과 창업 논문을 작성하는 과정에서 논생물 조사와 관련된 이야기를 나누다 보니 교사였다는 너의 전직과 친환경농업을 실천하는 농지를 바탕으로 논생물을 통한 생태교육을 하자는 일의 방향이 잘 맞겠다는 생각을 했었다.

  학교를 졸업할 시점에, 아주 추상적으로 논생물 조사와 관련된 일을 하자는 막연한 제안에 너는 찬성하였다. 사실 그 일을 공간이 남아도는 갓골생태농업연구소에서 하자는 제안은 어떻게든 연구소 건물을 활용해야 한다는 내 속내도 있었다. 아마, 네가 교사 생활을 하면서 조금이라도 비축해 놓은 현금이 있을 것이라고 판단했기 때문에 너에게 제안할 여지라도 있지 않았나 생각한다. 나의 입장에서는 건물 운영비도, 줄 인건비도, 사업 진행비도 하나도 없이 그냥 막연한 상황이었으니까. 그래도 그 일을 해야겠다는 생각을 한 이유는 역시 지역의 일과 관련이 있었다. 그 시기 지역의 큰 농민단체는 운영의 어려움보다 소비자와의 교류의 어려움이 더 큰 문제였다. 도농 교류 담당자 한 명에 의존하는 소비자와의 교류는 소비자의 불만족과 생산자의 힘듦을 해결하기 어려운 구조였다. 특히, 자녀 교육에 관심이 많은 소비자와 이를 담당할 마을의 어르신 간의 문화적 차이는 오해를 불러일으키는 상황도 발생시켰고, 그러한 어려움으로 교류 담당자는 매해 바뀌는 상황이었지. 농민단체와 논의하면서 도농 교류 부분을 지역에서 풀어 준다면 자기들은 생산과 유통에 집중할 수 있을 거라는 말을 듣고, 내가 어떻게 하나 하고 답답해하는 시점에서 교사 출신인 네가 나타난 거지. 아니 연결된 거겠지.

한 명이 그 일을 할 수 있을 것이라고 생각하지 않았지만, 아마 너를 통해 몇 사람이 결합할 수 있지 않을까라고 막연히 생각한 것 같다. 네가 생각하기엔 단지 너 혼자 일을 시작하는 것이라고 생각했을지 몰라도, 지역 차원에서는 도농 교류를 지원할 팀을 구성하는 것이었기 때문에, 풀무학교, 풀무학교생협, 학교생협의 벼재배연구회, 그물코출판사, 느티나무 헌책방, 소농우렁이농장 등 여러 단체가 모여 새로운 단체를 만드는 방식을 처음으로 시도한 것이었고, '논배미'라는 이름의 단체 형식을 띨 수 있었다. 네가 보기엔 좀 웃기는 형식적 첫 번째 모임을 하고 학교생협 앞에서 사진을 찍은 장면이 아직도 생각난다. 여러 단체가 모였다고 하지만 실제로 일은 너 혼자 다 해야 하는 것이었지. 그래도 많은 일을 진행했다고 생각한다. 지역 농민단체는 소비자들이 오면 논생물 조사 프로그램을 논배미에게 위탁하여 진행하였고, 논생물과 관련된 프로그램을 개발하는 사업을 하였고, 지역 어린이집, 초·중·고 학생을 대상으로 프로그램을 우선적으로 진행하였고, 조사에 참여한 전국 소비자들의 사진을 모아 논생물도감을 만들고……. 그중에서 논생물 놀이 프로그램 진행자를 양성하기 위해 지역 주민을 대상으로 교육을 진행한 것과 교육받은 분들이 시간이 될 때 프로그램의 교사로 참여하는 구조를 만든 것은 이후 지역 활동에 많은 참고가 되었다고 생각한다. 농촌에서 일을 찾는 청년들이 거의 없던 그 시기에 농한기에 지역 주민들을 교육하여 농번기에도 시간이 되는 분들이 돌아가면서 보조 교사로 참가하도록 한 것은 주민들이 지역 활동에도 참여하고 농가 수입에도 도움이 될 수 있어 나중에 '마실이학교'의 지역 가이드 양성 과정에서도 시도되었던 방법이다. 이러한 활동과 함께 전국논습지네트워크를 만드는 데도 네가 중요한 역할을 했다고 생각한다. 또, 기억에 남는 것은 지역 학생들을 대상으로 무료로 프로그램을 진행한 것이다. 수도권 소비자와 학생을 대상으로 프로그램을 진행하는 것이 수입은 크지만 좋은 프로그램을 지역 청소년에게 우선적으로 진행하자는 원론적 문제 제기였지. 아직 필요성을 느끼지 못하던 지역의 학교를 설득하고 지역 학생들에게 우선적으로 논생태교육을 진행한 것은 지역 단체 활동에 중요한 시사점을 주었다고 생각한다.

　인건비도 없이 사업을 진행해 가는 구조였지만 논배미 활동을 중심으로 다른 일도 참 많이 벌어지던 시기였다. 아마, 우리 지역도 농업을 제외하고는 빈곳이 너무나 많은 농촌이다 보니 쳐다보면 모두 해야 할 일 투성이었을 거야. 지역을 견학하러 오는 사람들에게 나눠 줄 자료를 만들자는 목표로 《우리 지역을 소개합니다》라는 책을 만들고, 홍동과 장곡 지도를 처음으로 그리고, 논생물 조사 관련 자료집과 노트를 만들고……. 특히 《우리 지역을 소개합니다》는 너와 농사를 지으러 내려온 청년들이 지역 단체를 쫓아다니면서 사진을 찍고, 자료를 받아서 정리하고, 농업 생산 지역 단체인 홍성친환경작목회, 풀무학교생협, 홍성유기농영농조합을 설득하여 인쇄비를 모아서 지역 출판사인 그물코출판사에서 만들어 낸 책으로 참 많은 의미를 가지고 있다고 생각한다. 개인의 재능이 어떻게 지역의 필요성과 결합할 수 있을 것인가를 보여 준 사례였고, 지역의 내용으로 책이 나올 수 있다는 것을 확인시켜 주었다. 또

한 농촌 지역은 농민, 농업단체만이 아니라 농업을 지원하고 농촌을 풍성하게 하는 수많은 재능들이 모여야 하고, 이 재능들이 개인 사업, 개인 활동으로 나타나는 것이 아니라 지역 활동으로, 그리고 지역의 여러 단체들과 함께 일을 풀어 나가는 모델을 보여 준 것이라고 생각한다. 아마, 갓골 주변에서 기존 단체들의 협력에 의해 새로운 단체와 일을 만들고 그 사업을 지역의 다른 단체들과 연계하여 진행하는 방식을 처음으로 사용하였고 이후 활동에 많은 영감을 주었다고 평가한다.

'농촌답다'의 첫 기준은 농업이 존재하는 공간이라는 것이고, '농촌에 있다'는 것은 농업을 기반으로 한다는 말과 동일하다고 생각한다. 대부분은 이 말을 농촌에 오면 농업을 해야 한다는 말로 이해하는 경우도 많은데, 너의 활동을 보면 지역의 농민, 농업단체와 긴밀하게 결합되어 농촌 사회 속에서의 농업을 실천하는 것 역시 이에 해당한다고 생각하게 된다. 특히, 개인의 철저한 농업 실천을 통한 정의로운 개인 삶을 지향하는 것은 어쩌면 사회의 모든 책임을 개인의 노력과 개인의 책임으로 전가시켜 버리는 현대 사회 모습의 연장선이 아닌가 한다. 개인의 농업이 아니라 지역 속의 농업을, 정당한 나의 삶이 아니라 정당한 지역 사회 속에서의 삶을 지향해야 하는 것이 현재의 모순을 극복하는 대안적 삶의 기초가 아닐까 생각한다.

너의 재능을 보고 지역에서 참 많은 제안이 들어왔다고 알고 있다. 그런 많은 제안 속에서 너도 혼란스러웠을 거라 생각한다. 아마, 조직이라는 모습을 갖추기보다 사람(실무자) 중심으로, 그리고 지역 네트워크를 기반으로 활동했기 때문에 소속도 없고, 체계도 없이 닥쳐오는 일을 쳐

내어 가던 시기였기 때문일 것이다.

  자기의 재능을 접지 말고, 또 지금의 재주에만 의지하지 말고, 자기가 살고 있는 지금의 지역을 알아가고 이를 기반으로 일을 만들어 갈 수 있는 '로컬 인재'들이 많이 나온다면 농촌에서 참 많은 일을 할 수 있을 것이라는 생각이 든다. 수고했다.

P에게

  서울에서 잘 지내냐? 내려오지 않는 것을 보면 서울이 좋긴 한가 보다.

  너로 인해 지역에서 논쟁이 있었다. 태어나서부터 20대 초까지 동네에서만 모든 학교교육과정을 마친 네가, 다른 것도 볼 수 있게 지금 도시로 보내는 것이 좋은가 아님 학교가 아닌 지역 현장을 더 배우게 하고 보내는 것이 맞는가를 가지고……. 네 인생을 두고 옆에서 쓸데없이 논쟁을 한 것 같다. 어쨌든 나는 '지역에서 더 배우게 하는 게 맞다, 지역 현장을 더 알고 나가야 한다'는 주장을 하는 쪽이었다. 그렇게 말은 했지만, 많은 배움이 필요한 시기인 20대 초반인 너에게, 지역에 있는 정규 교육과정을 모두 마친 너에게, 지역에서 어떤 배움을 지속하게 할 수 있을지는 나도 막막한 상황이었다. 더군다나 수입도 있어야 하고……. 일하면서 배운다는 좋은 말이 있지만, 척박한 농촌에서 이게 어떻게 가능할까라는 현실적인 걱정에서부터 잘못하면 배움은 없고 일만 하거나 어른들에 둘러싸여 겉멋만 늘지 않을까 하는 노파심까지. 네 부모님께는 걱정 말라고 말을 했지만 네 부모님 걱정까지 해결해야 하는 상황이었다. 이전에 지역에서 활동하던 청년들은 대개 대학을 졸업하고 직장 생활을 조금이라도 했던 사람이었기에 일을 제안하고 나서 활동 공간만 열어 주면 스스로 일을 진행했던 것과는 다를 수밖에 없었다. 부모님의 농업을 이어받는 경우가 아니라 농촌에서 배움과 진로를 찾아가는 20대 초반의 청년을 농촌이 처음 만난 상황이었지.

너를 만나 무엇을 하고 싶냐고 했더니 모르겠다고 했지? 그래서 뭘 잘하냐고 물었더니 생각 좀 해 보겠다고 하고 며칠 뒤에 이렇게 대답을 했어. "정리와 기록"이라고. 나도 참 답답했지. 정리와 기록이라……. 이 농촌에서 정리할 거나 기록할 것은 무진장 많겠지만, 이것이 어떻게 너의 생활을 지속하게 할 수 있을 것인가? 나도 정리와 기록은 모르는 사람이고, 사람들에게 물어보면 무슨 박물관이나 기록관을 만들 거냐는 소리를 하거나 농촌에서 이런 것이 무슨 밥벌이가 되냐며 핀잔을 줬지.

그래도 해 보자고 생각했어. 이러한 무모한 접근을 위해 우선 필요한 것은 견딤이라고 합의(강요? 설득?)하고 풀무학교생협 사무실의 골방에 책상 하나를 놓고 일을 시작했지. 우선은 무슨 일을 해야 할지를 생각하기 위해서 세 달간 눈칫밥 먹으면서 앉아 있으라고 했을 거야. 실은 나도 뭘 어떻게 해야 할지 몰라서 고민할 시간이 필요했을 수도 있어. 너는 왜 갓골생태농업연구소의 많은 공간을 두고 어둡고 좁은 풀무학교생협 사무실 귀퉁이에 책상을 두고 앉아 있으라고 했는지 기억나는지 모르겠다. 난 너의 교만이 두려웠고, 아직 배움이 지극히 필요한 너에게 당장 필요한 것은 겸손과 지루함의 견딤이라고 말했어. 그래서 처음부터 좋은(?)

공간은 너에게 독이고 그곳에 있으면서 풀무학교생협에서 일하는 사람들과 일상을 맞추고 그들의 노동 현장을 보고, 앞으로 책상에 앉아 있을지라도 지역에서 몸으로 일하는 사람들과 호흡을 맞추어야 한다는 의미였어. 지역 농민들은 책상에 앉아 컴퓨터 작업을 하는 것은 노는 것이라고 생각하는 시기였고, 그런 일을 하는 사람들은 지역의 가장 일반적인 노동, 즉 농업을 하는 농민이 어떻게 일을 하고 얼마를 벌어 가고 일상이 어떤지를 몸으로 배우기가 쉽지 않았어. 그러니 비슷한 일을 하는 도시의 사무실과 노동 시간을 비교하고, 그들과 임금을 비교하고, 그들과 복지 조건을 비교하게 되면 농촌에서 전망을 찾기는 불가능하다고 판단하는 시기이기도 했어.

그때 그 설렁한 골방에서 네가 처음 정리하기 시작한 것이 홍성 유기농업의 역사였지. 몇 사람의 기억 속에 흩어진 상태로 있던 사건들을 홍성신문사에서 기사를 찾고, 지역 어르신을 찾아가서 물어보고, 사진첩을 받아 훑는 작업부터 했지. 그게 나중에 어떤 의미로 어떤 곳에 사용될지 몰랐지만 우리가 잡을 수 있는 주제여서 몇 달을 매달렸던 것 같다. 물론, 아무런 지원도 없이 말이다. 아, 풀무학교생협에서 점심은 제공한 듯하다. 이후 너의 자료는 지역 자료실을 비롯한 많은 연구 자료에 인용되었다. 그것보다 더 큰 의미는 너를 포함한 우리가 지역을 공부해야 한다는 생각을 갖게 되었다는 점이다. 너는 20년 동안 이 지역에 있는 학교를 모두 통과해 왔지만, 또 부모님이 지역 유기농업 역사에서 중요한 역할을 했음에도 지역의 역사와 흐름을 너무 모르고 있었다는 사실을 알게 되었고, 나를 포함한 지역의 다른 사람들도 이런 지역 역사를 공부하면 좋겠다는 생각이 들었다. 특히, 새로 지역으로 들어오는 사람들이 이것을 배운다면 지역의 역사와 전통을 이해하고 이를 기반으로 활동을 할 수 있을 것이라는 생각을 말이야.

현실적 필요성도 있었다. 지역을 방문하는 많은 사람들에게 정확한 정보를 전달해야 한다는 것 말이다. 지역 방문객은 늘어나지만 지역을 안내하는 담당이 없으니 방문자와 개인적으로 연결이 된 누군가가 안내할 수밖에 없는 상황이었어. 그러니 누가 하냐에 따라 내용이 달라질 수밖에. 물론, 주말마다 지역 가이드 역할을 해야만 했던 내 입장에서는 지역을 공부하여 안내할 사람들이 많아지면 좀 편해질 수 있겠다는 사심도 있었다. 논배미 활동에서 배운 대로 지역 사람들과 함께 공부하고 그 사람들이 지역 안내자 역할도 한다면 가이드비를 요구할 수도 있겠다는 생각도 했고. (그 이전에는 몇 시간을 들여 지역을 안내하고 설명을 해도 대부분 무료였다. 손님을 환대하라는 홍순명 선생님의 지론에 따라…….) 그래, 네가 공간을 갓골생태농업연구소로 옮기면서 만든 것이 지역을 공부하자는 목적의 '마실이학교'였지.

아 참, 여기에서 하나 알아야 할 것도 있어. 전공부 수업이 시작되어 교실로 들어가던 순간에 삼선재단에서 전화가 왔었다. 그곳은 대안학교 출신 대학 진학자들에게 장학금을 주는 장학재단이었는데, 한 명의 장학금이 남았다고 받을 만한 학생을 추천해 달라는 내용이었어. 그때 문득 네가 생각났지. 이전 사례와 달리 20대 초반의 청년은 진짜 아무런 자본이 없기 때문에 생존을 위해서는 취직을 해야 하는 상황이었다. 그때 삼선재단의 전화를 받고 '청년들의 재능(하고 싶어 하는 일)과 지역이 필요로 하는 일을 결합해 새로운 일을 창업해야 하는 상황에서 기본 생존비는 절대적으로 필요한 상황이다'라고, 아마 수업도 들어가지 않고 장황하게 설명한 기억이 난다. 결론은 대학생에게 장학금을 줄 것이 아니라 (농촌) 지역에서 일하려는 청년들에게 생존비(활동비도 아니고, 인건비는 더더욱 아니고)를 지원해 주는 사업을 하자고 제안했어. 그 담당자도 황당했을 거야. 장학생을 추천해 달라고 했더니 갑자기 남의 재단 사업에 왈가왈부하고 있으니. 그래, 일은 해야 하고 사람도 간혹 있는데 그 일로는 생존이 불가능한, 이것이 농촌에 들어온 청년들의 현실이었지. 삼선재단의 청년 인턴십 사업은 그렇게 시작되었다는 것을 알았으면 한다.

당장 네 생활비를 줄 방법도 없었지만 당시는 물론 앞으로도 농촌에서 기록과 정리로 어떻게 생활이 되겠나 싶었어. (그때는 전북 진안의 백운면 마을조사단의 자료집을 보고 참 부러워할 때였지.) 하지만 참 할 일은 많았던 것 같다. 마실이학교를 몇 회 운영하고 나니 사람들 간, 단체 간의 네트워크가 만들어지고, 그 네트워크 내에서 소통되는 각 지역 단체들의 활동과 소식을 좀 더 폭넓게 지역에 알리자는 목적으로 시도된 것이 '마실통신'이었다. 그때 농담으로 한 말이 한 마을의 옆 단체에서 진행하는 활동을 서울에 있는 사람은 알지만 같은 지역에 있는 다른 단체는 모른다는 이야기였다. 그 정도로 농촌에서 정보의 흐름은 막혀 있던 상황이었다. 또, 마실이학교 견학을 하다 보면 벌써 5년째 활동 중인 단체임에도 우리 지역에 이런 단체도 있었나 하고 신기해할 정도로 서로 모르고 있기도 했다. 겨우 4,000명도 안 되는, 그리고 겨우 반경 4km 정도 내에 단체 활동 공간이 있는 면 단위 지역에서 이루어지는 활동임에도 불구하고……. 초기에는 단체들을 쫓아다니면서 소식을 모았고, 모은 소식을 정리하여 다시 모든 단체들에게 발신하는 방식으로 했다. 그렇네. 이것도 기록, 정리와 관련이 있네. 그 다음에 진행한 것이 '농촌인문학주간' 행사였다. 그 과정에서 농민들의 농사일지를 모으고, 30년, 50년 된 일지를 전시하고, 일지를 작성한 농민들이 직접 발표를 하고, 지역의 한 부락을 선택하여 부락 내 30여 농가를 전수 조사하여 자료집으로 만든 것은 참 기억에 남는 일이었다. 농가를 조사했다고 하지만 할머니들 인생 이야기와 신세 한탄을 들어 준다고 하루에 두 집 이상을 돌지 못했던 일이나, 만든 자료집에 농가에 대한 지나치게 세부적인 이야기가 실려서 도둑이 활용하기 너무 좋을 것 같다고 걱정하는 이야기를 들은 것, 그리고 매년 한 부락씩 조사하면 40여 년 뒤에 다시 이 마을을 조사할 수 있고 그때부터는 비교 연구가 가능할 것이라는 평가회를 한 것 등은 기억에 남는다. 어, 또 있다. 농촌농민주간. 학생들의 창업논문 발표, 지역 농민들의 농업 연구 발표, 그리고 지역 단체들의 1년 활동 발표와 새로 시작할 단체들의 계획 발표 등을 했었지. 갓골생태농업연구소의 마실이학교가 진행했지만 지역 사람들과의 접근성을 높이기 위해 밝맑도서관과 함께 진행한 것도 지역의 전통을 이어 받은 것이라고 생각한다. 기억해 보니 한 일이 참 많구나. 사실 마실이학교는 너 혼자였는데…….

왜 마실이학교 일이 이렇게 많았을까 생각해 보면 당연한 결과인 것 같다. 마실이학교는 지역을 계속 공부하는 것이니까. 지역은 계속 바뀌어 나가고, 지역을 알면 알수록 해야 할 일과 필요한 일이 자꾸 눈에 들어오니까. 농촌에 분야별 단체가 없으니 모두 해야 할 것 같은 생각이 들고. 깊이 들어갈수록 필요로 하는 일은 나무의 잔뿌리만큼이나 많이 뻗어나가고 이러한 뿌리가 많아질수록 지역의 기반은 튼튼해질 것이라고 생각한다. 나는 그 잔뿌리들이 굵은 뿌리로 성장할 때 지역사회가 건강해질 것이라고 믿는다.

청년들이 농촌 지역에서 활동하는 시작점은 바로 농업과 지역을 알아가는 것으로부터 출발해야 한다고 생각한다. 특히, 지역을 알아 간다는 것은 단순히 문서로 전달되는 역사와 전통을 넘어 사람들 간의 관계망까지 알아 가는 것이다. 즉, 그 지역의 깊은 곳에서 흐르는 흐름을 알아 가는 것이라고 할 수 있다. 그러면 자기가 하고 싶었던 일과 가장 가깝게 일치하는 곳에서 지역에서 필요로 하는 일을 찾아낼 수 있을 거야. 아마, 너무 많아서 문제가 될 가능성이 높아. 그 과정을 나는 지역에서의 배움의 과정이라고 생각한다. 그래서 배울 수 있는 능력이 있는가가 중요한 거지. 농담같이 말하지만 학력이 높을수록 배움의 능력은 떨어진다고 많이 느꼈다. 아마, 배움 이전에 해야 할 일과 할 말이 더 많아져서거나 두고 보기 전에 판단하기 바빠서 그런 게 아닌가 하는 생각이 많이 든다. 지역에서의 배움이라는 것은 배울 수 있는 능력을 배우는 것이고 그것이 있어야 다른 곳에 가서도 자기가 익히 알고 있던 어떤 재능을 그곳에 바로 적용하는 것이 아니라 그곳에 맞는, 그곳에 적합한 것으로, 그곳이 필요한 방식과 형태와 내용으로 적용하는 것이 창의성이 아닐까 생각한다.

네가 지역에서 여러 일을 하면서도 명절에 친척들이 너의 직업이 뭐냐고 물어보면 대답을 못 한다고 하면서 직업명을 알려 달라고 한 적이 있어. 농촌에서의 일은 취업은 절대 아니고, 기존의 업을 농촌에서 시작한다는 의미의 창업도 아니라, 업 자체를 새로 만들어 낸다는 의미에서 '창업'이라고 표현하는 것이 맞다고 본다. 그러니 직업명을 만들어야겠지. 이러한 창업은 기존과 달리 하나의 전문 지식으로 이루어지는 것이 아니라 몇 개의 분야가 융합한 형태로 나타나는 것이 농촌형 창업의 특성이라는 생각이 든다.

서울에서도 취업이 아니라 새로운 업을 만들어 가는 창업의 일을 해 갔으면 한다.

K에게

어디 가서 강의할 때 자주 너의 사례를 등장시켜서 미안하다. 나에게도 참 큰 경험이었기 때문에 너를 등장시킬 수밖에 없다. 강의의 결론은 항상 똑같다. "젊은 청년들이여, 자신이 무엇을 할 수 있다, 못 한다는 현재의 판단은 고정관념일 가능성이 높다. 자기가 못 한다고 판단하는 영역에 대한 재시도와 재확인을 통해 자기의 재능을 확장할 수 있는 기회는 청년 시기뿐이다. 자기가 현재 재능이 있다고 판단이 드는 곳이 아니라 나는 못 한다고 생각하는 곳, 한 번도 해 보지 않은 영역을 선택해라. 지금 시기를 좁은 영역의 자기 재능을 파는 데 쓰지 말고, 자기 재능을 확장해 가는, 또 그것을 통해 자기를 재확인하는 배움의 시기로 만들었으면 한다." 뭐, 이런 말이야. 글로 적으니 별로 감흥이 없네.

2학년 창업논문을 어떻게 할 것인가에 대해 고민하는 시기에 너만 방향을 못 잡고 있었지. 그래서 머릿속에 떠오르는 단어를 말해 보라고 했을 때 너와 네 주변 환경을 조금이라도 아는 사람이면 누구든지 '맞아, 걔는 그런 영역의 일이 맞을 거야'라고 평가되는 단어만 나열되어 있었다. 그래서 '나는 못 한다, 나와는 맞지 않다'고 생각되는 영역의 단어를 나열해 보라고 했을 때 나온 단어가 '자연과학'이었어. "내가 진짜 못하는 것이 맞는지, 나와 맞지 않는 것이 맞는지 다시 확인해 볼 수 있는 기회는 지금뿐이다. 어쩌면 자기가 모르는 자기의 다른 모습을 확인할 수도 있다. 하고 싶은 거야 앞으로 하지 못하게 말려도 할 기회는 있을 거지만, 하기 싫은 것을 해 볼 기회는 앞으로 별로 없을 것이다. 그러니 제일 못한다고 생각되는 영역에 도전해서 창업논문을 써 보자"고 했을 때 말은 참 멋있었지만 너도 고민은 많이 되었을 거라고 생각한다. 몇 달 동안의 생물 조사 연구 과정을 지켜본 사람들의 평가와 네 입에서 나온 말은 여러 사람을 놀라게 했다. '이 일이 너무 좋고 나에게 맞는 것 같다'는 너의 평가와 '고단하고 반복적이고 인내력을 요구하는 조사 과정과 섬세함과 객관적 판단을 요구하는 연구 과정에 네가 잘 맞다'는 주변의 평가는 많은 깨달음을 주었지. 청년들 스스로, 그리고 주변에서 너무 빨리 재능을 판단하게 하고 길을 고정시켜 버리는 현실이 개개인의 확장성을 가로막고 있는 것이 아닌지……. 그리고 빨리 경제적인 안정과 시간적 여유로움을 가져야 삶이 풍부해질 것이라는 어른들의 판단이, 청년들이 전 생애를 통해서 누려야 할 자기 삶의 풍성함을 오히려 해치고 있는 것이 아닌지…….

창업논문을 마치고 학교를 졸업하면서 너는 이 일을 하면서 살았으면 좋겠다고 말했고, 나 역시 갓골생태농업연구소의 이름에 맞는 유기농업과 농업생태와의 관계를 계속 연구·조사하면 좋겠다는 생각이 들었다. 하지만 걱정도 많았다. 아니 이 시골 농촌 구석에서 기초학문인 자연과학을 체계적으로 배울 수 있을지, 또 역시나 이것으로 어떻게 농촌에서 생존이 가능할지……. 그 막막함은 차라리 그쪽 계통으로 대학을 진학하라는 상투적 논리가 떠오를 정도였다. 풀무학교생협, 논배미, 마실이학교는 현재는 어렵지만 시간이 지남에 따라 수입 구조가 만들어질 수도 있겠고, 또 그 활동을 배울 적당한 대학과정도 없는 반면에 연구·조사라는 영역은 대학과정에서 더 체계적으로 배울 수 있는 것이 확실하고, 그래야 이후 진로도 찾을 수 있지 않을까 하는 생각이 들었다. 여러 사람들과 상의했을 때 현실은 인정이 되지만 농촌 지역에서 한번 해 보자는 의견이 다수였고, 결론을 내린 것이 방송통신대학교에 입학하고 농촌 지역에서 배움을 지속한다는 것이었어.

자연과학의 기초를 공부하면서, 그 지루한 조사를 지속하면서, 그 결과가 어디에 어떻게 활용될지도 모르면서 무던히도 열심히 진행했던 것 같다. 그래도 그때의 결과가 《논에서 놀자》와 《논에서 만나는 133가지 생물도감》이라는 책으로 나왔다는 점이 참 신기하다. 논생물 조사를 위한 방법론에 대한 책과 경험을 기반으로 논에서 쉽게 찾아볼 수 있는 133종의 생물을 확인할 수 있는 책을 발간한 것은 그 시기에 하기 어려운 경험이었다고 생각한다. 가장 기억에 남는 것은 한국의 대학원생, 연구자들과 함께 일본을 방문했던 것이다. 너는 단지 일본의 현장을 보고 싶다는 의욕으로 한 연구자의 애를 돌봐 주는 베이비시터로 동행했는데, 막상 일본에서 조사가 시작되었을 때 논농사에 대해서도 잘 알고 논 생물에 대해서도 잘 알고 있는 사람은 너였다. 그럴 것이라고는 생각했지만 그때 분명히 깨달았다. 연구가 전문화, 세분화될수록 현장의 일과 생리를 잘 알고 있는 전문 연구자는 드물다는 것을. 지역 현장에서 배우는 가장 큰 장점이 아닐까 하는 생각이 든다.

농촌 지역이 배울 게 많고, 아직 배움이 필요한 시기라는 네 말에 동의는 하지만 나는 고민이 든다. 지역의 여러 좋은 말이 맞는 것 같다고 판단되지만 왠지 네 삶이 네 생각으로 움직인다는 느낌이 들지 않는다. 누군가는 편하고 좋기는 한데 엄마로부터 벗어나고 싶어 하는 것과 비슷한 느낌이라고 설명하던데, 나는 이를 어떻게 해야 할지 잘 모르겠다. 나를 포함한 꼰대가 주변에 포진되어 있고, 지역의 여러 좋은 말들이 너에겐 너무 크고 무겁고, 너를 옥죈다는 느낌이 ― 그것을 하지 않으면 나쁜 사람이 되어 버리는 ― 들 것이라고 생각한다. 지금 농촌에서 함께 일하는 여러 청년들에게도 비슷한 이야기를 듣고 있기 때문에 너의 말이 자꾸 떠오르는 것 같다. 농촌이라는 곳이 식당을 가나 술집을 가나 다방을 가나 아는 사람들이 꼭 한둘은 앉아 있고, 일상 노동과 생활 속에서 다른 사람들에게 자기의 속이 온전히 드러날 수밖에 없는 곳이 맞아. 더군다나 씨가 말라 버린 청년이라는 희귀 생물은 지역 사람들에게는 호기심과 의아함의 대상이 될 수밖에 없다. 관심이라는 말로 너희들의 행동을 하나하나 보고 있는 것 같은 분위기, 내 맘대로 할 수 없고 주변의 눈을 의식할 수밖에 없는 분위기는 스스로의 행동을 제약하게 만드니까. 더군다나 숨을 곳도 하나도 없지. 나는 이 문제를 단지 농촌 지역민의 구시대적 태도나 배타성, 인권에 대한 몰상식, 45%를 차지하는 노인 세대들의 정서에 따른 문제로 몰아붙이기엔 좀 난감하다. 물론, 농촌의 공동체성이라는 말로 덮어버리는 것은 더 난감하고. 난 농촌 지역이 가지는 다양성 부족의 문제로 보고 있어.

여러 사람들이, 또 최근에는 여러 단어로 표현되는 청년들이 새로운 대안적 삶을 농촌에서 이룰 수 있을 것이라고 생각하고 선택하고 있다. 자연, 생태, 공동체, 자급, 자치, 자립, 자족, 자발 등 지금의 사회구조를 벗어나 새로운 삶의 방식을 농촌에서 찾는 경우를 종종 볼 수 있다. 참 반가운 소식이지. 그래, 이들이 농촌 지역의 다양성을 높여 갈 것이라고 생각하지만 지금은 과정이다. 그것도 아주 초기 과정이지. 어쩌면 청년들은 농촌으로 가면 새로운 삶의 방식을 바로 실현할 수 있다고 생각할 거야. 그렇게 살려고 떠나왔으니 당연하겠지. 하지만 현재의 농촌은 이전에 자기가 살던 곳보다 더 각박하고, 더 첨예하고, 더 모순된 것이 많은 곳, 그리고 이전과는 전혀 다른 판단 기준과 합리성을 가진 곳일 가능성이 높아. 다양성을 풍성하게 하기 전에 다양성의 충돌이 일어날 가능성이 더 높다고 생각한다. 왜냐하면 나의 새로운 삶의 방식이 나 혼자만 그렇게 살아 버린다고 되는 게 아니거든. 나 혼자서 가능한 삶의 방식이라면 어쩌면 도시가 더 쉬울 수도 있다. 나는 새로운 삶의 방식을 실천하기 전에 그것이 어떻게 실현될 수 있을지, 그 실현된 것이 지속 가능성이 있을지, 그것을 실현하려 한 이유가 무엇인지, 어느 범위에서 실현할 것인지를 먼저 고민했으면 한다. 아마 이러한 것들이 과정이 될 것이라고 생각한다. 우리는 새로운 삶의 방식이라는 결과를 얻기 위해 지금의 과정을 거쳐야 하는 것이지 바로 내일 그 결과인 삶의 방식을 끌어당긴다고 이루어지는 것은 아니기에. '나도 한때 해 봤다'는 결론으로 나아갈 것이 아니라 지금의 노력이 지역 사회의 뿌리에 닿을 수 있는 것이었으면 한다. 말이 어렵네. 아마 나도 정확히 몰라서 말이 어려운지도 모르겠다.

지금은 다른 지역에서 다른 것을 배우고 있다고 들었다. 혹 다른 곳으로 이동할 수도 있겠지만, 현재 있는 그곳, 그 사람들에게 열심히 배우기를 바란다.

C에게

처음 농장을 만들어야겠다는 생각이 떠오른 시점은 잘 기억이 나지 않는다. 풀무학교 전공부의 입학생의 연령이 점점 낮아지는 상황에서 자본이 전혀 없는 이들이 졸업한다면 학교의 목표대로 농업을 실천하면서 지역 속에서 살아갈 수 있을 것인가라는 질문과 농촌 지역의 기초이고 기반이 되어야 하는 농업이 생존 경영에만 몰두해야 하는 상황에서 무엇인가 필요하다는 생각은 들었지만, 그것은 내가 할 일이라고 생각하지는 않았던 것 같다. 이 분야는 나보다 더 잘하는 사람이 많기 때문에 그들을 설득하거나, 사람이 나타나기를 기다리는 예전의 방식으로 진행한 듯하다. 어쩌면 이전의 일은 완전히 새로운 일이어서 어려웠다면, 농장을 만들자는 것은 농촌에선 너무나 일반적이어서 어려웠던 것 같다.

농장을 만들어야겠다는 생각을 하고 학교 이사회와 지역 어른들을 찾아다니면서 설명을 하고 이해를 구했지만, 평생 입으로 먹고산 나라는 사람 입장에서 막막하긴 이전과 마찬가지였다. 너에게만 제안한 것이 아니라 그때 졸업을 하던 친구들과 지역에서 방황하고 있는 몇 청년들에게 물어본 것 같다. 협동조합식 농장을 함께 시도해 보지 않겠냐고. 솔직히 너만 바로 답이 나온 것 같다. 너는 기억할지 모르겠지만 "저도 혼자가 아니라 여러 명이 함께 농사를 짓는 것을 바라고 있었다"고 대답했어. 그때 너는 벌써 농가와 땅을 임차해 놓고 농사지을 준비를 하던 시기였는데도 불구하고 말야. 아마 그렇게 답한 이유는 뭐든지 잘하지도 못하면서 일을 벌이기를 좋아하는, 상황도 안 되는데 남이 부탁하면 거절을 하지 못하고 시간을 쪼개 버리는 너의 성격 때문이었을 거라는 생각이 든다. 뭐, 내가 대단한 농업적 의미나 사상적 이론이나 사회적 가치도 없이 그냥 함께하는 농사를 해 보자고 제안한 이유는 나도 농장의 방향을 어렴풋하게만 생각하고 있었기 때문도 있지만, 이론에 따른 행동이 아니라 행동에 따른 이론이 만들어지기를 바랐기 때문이다. 협동조합적 농장을 시도하는 것에 대한 주변의 반응은 매우 다양했다. 자족하면서 소박하게 비상업적으로 자급을 목적으로 최대한 생태적인 '자기' 삶의 실천을 위해 가족농이 더 필요하다는 주장부터 농촌과 농업이 무너질 수 있는 이 급박한 시기에 정치적, 광역적으로 '사회' 활동의 폭을 넓혀 가고 그 일에 집중해야지 더 좁은 현장으로 들어가서 그 흔한 농장 하나 더 만드는 것이 무슨 의미가 있냐는 비판까지. 물론 그냥 취직해서 돈을 벌어야 농업을 할 수 있을 거라는 말도 있었다.

어쨌든, 너의 결합이 없었다면 나도 협동조합 농장을 진행했을까는 의문이다. 아마, 주저하면서 진행은 했겠지만, 함께하기에 얻게 되는 시너지 효과는 보지 못했을 거라고 생각한다. 처음 임차한 200평 시설하우스를 보고 어디부터 시작해야 할지 모를 막막함이나, 해도 해도 끝도 없이 나타나는 일을 마주했을 때의 조급함이나, 한 명이 최소 시설하우스 1,000평은 해야 한다는 주변 농가의 조언을 들었을 때의 허망함을 그렇게 즐겁게 극복하지는 못했을 것이라고 생각한다. 농업이 단지 땅을 기반으로 농작물을 심고 관리하고 수확하는 것만 있는 것이 아니라 계획하고 디자인하고 홍보하고 배달하고 기계를 수리하는 등의 수많은 일들이 있고 그 일을 한 사람이 하기엔 불가능하다는 생각이 들었다. 물론, 자본만 많으면 모두 구입하고 의뢰하면 되지만 자본이 없는 우리들에겐 여러 종류의 사람이 있다는 것이 최대의 강점이 된다는 것을 느낄 수 있었다.

시작을 같이해 줘서 고맙다고 했지만, 네가 일을 '잘한다, 못한다'는 의미로 말한 것은 아니다. 내가 보기엔 한 개인에 대해 일을 잘하고 못한다는 평가를 할 수는 없다는 생각이 든다. 그 사람이 누구와 어떤 다양한 사람들과 어떤 관계로 있느냐에 따라 그 사람의 성향이 장점이 될 수도, 단점으로 나타날 수도 있다고 생각한다. 이것저것 다 하자는 무모한 의욕은 안정적이고 계획적으로 농장을 운영해 가자는 입장과 충돌했고, 농지도 별로 없는데 젊은이가 많이(?) 있으니 일을 좀 도와 달라는 지역 농가의 요청에 농장의 일을 마치고 가자는 사람과 농장 일을 팽개치고 달려가야 한다는 사람이 충돌하는 건 당연한 거겠지. 너는? 당연히 정의의 용사도 아닌데 부탁은 무조건 들어주는 인간형이라. 하지만 너의 이러한 태도가 농장의 장점으로 나타나게 된 것은 밀린 일을 묵묵히 진행시켜 주었던 사람들이 있었기 때문에 가능했던 것이라고 생각한다. 너의 이런 성격에 대해 불만을 이야기한 사람일수록 독립해서 새로운 농장을 만들어 갈 때 부담 없이 도움을 요청할 수 있는 의지처는 너였고, 농장에 있을 때의 불만만큼 독립해서는 너에 대한 고마움이 동시에 상승하는 모습을 옆에서 보아 왔다. 자기가 어디에 위치해 있느냐에 따라 동일한 모습에 대해 상반되는 평가가 내려지는 모습을 보고, 농장에 자기가 있는 것이 아니라 지역에 함께 있다는 것을 판단 근거로 삼는다면 편안해질 수도 있을 것이라는 생각을 했다.

  일도 일이었지만, 우리에게 가장 힘든 것 중의 하나는 점심이었을 거야. 매일 다가오는 점심시간은 일에 떠밀려 다니는 우리에게 최대의 어려움이었고, 농장 사람들이 우리 집에서 점심을 먹기 시작한 후부터는 저녁때는 항상 텅텅 빈 냉장고만 쳐다볼 수밖에 없었다. 이 문제를 해결하는 방안은 두 가지였다. 하나는 농장 내에 주방을 만들고 식사를 위한 우리의 시스템을 만드는 것, 다른 하나는 우리가 이렇다면 지역의 다른 단체나 농가들도 마찬가지일 것이니 지역에 식당을 만드는 것. 후자를 선택하고 역시 이전과 동일한 과정을 거친 듯하다. 지역 식당의 필요성을 느끼는 사람들이 우선 출자를 하고 지역의 단체들이 연대하여 지역 식당을 시작하는. 그렇기 때문에 그 식당은 매일 메뉴가 바뀌는 식단, 뷔페식의 운영을 선택하였고 지역 농민들이 오니 지역 농산물을 사용할 수밖에 없었지. 앞에서 말한 대로야. 우리끼리 하는 것이 더 편할 수는 있지만 우리가 지역에 발을 딛고 있다는 것을 인식하는 것이 얼마나 중요한지 이미 우리의 역사를 통해 명확해졌으니까.

나는 사람들이 흔히 이야기하는 '함께한다'는 의미의 협동이 무엇일까 하는 생각을 자주 한다. 특히, '협동'이라는 뜻을 이름으로 달고 있는 농장에서 일을 하면서 말이다. (협동조합 젊은협업농장의 이름은 농장 이름에도 협동이 들어가면 단어가 반복된다는 점도 있고, 협동농장이라 하면 좀 '거시기해서' 그 의미를 가진 다른 단어인 협업이라는 단어를 사용하고 있을 뿐이고.) 보통, 협동은 마음이 맞는 사람들끼리 또는 종교적, 정치적, 사상적으로 비슷한 지향점을 가진 사람들끼리 함께 일하고 나누고 생활하는 것이라고 생각하고 그럼에도 불구하고 오래 지속되기 어렵고 이상적으로 보이지만 개인 사업보다 긍정적인 효과를 본 사례는 찾기 힘들다는 말을 자주 듣는다. 흔히 '나도 해 봤는데 실패했다'는 공동체라는 단어도 함께 등장하고 말이야. 난 이런 의미라면 공동체가 가지는 수많은 속성 중의 하나인 집단으로 표현하는 게 맞고, 협동한다고 말하기보다는 단결한다고 표현하는 게 맞지 않을까 하고 생각한다. 나는 협동의 기본은 생각과 재능의 다양성, 즉 사람의 다양성이라고 생각한다. 다양한 사람들이 일을 같이할 수 있다는 것이 협동이고, 그러함으로써 협동의 의미와 결과는 혼자 하는 것에 비해 더 나은 결과로 이어지지 않을까? 우리 농장에 있는 그 다양한 성격, 다양한 재능의, 그리고 다양한 목적을 가진 사람들이 조합의 형태로, 농업이라는 공동의 노동 아래 협동을 하기 때문에 개인이나 가족 구성원이 운영하는 것에 비해 활동의 범위가 넓어지고 내용이 다양해지는 것이 아닌가 생각한다. 다양성은 어떻게 확보할 수 있냐고? 열어 놓으면 되지. 스스로를 명확히 규정하지 않는 것도 그 방법이라고 생각한다. 물론, 이로 인해 많은 다툼과 논쟁이 벌어지는 것도 맞을 듯하다. 그것이 힘들다면 협동은 할 수 없는 것이겠지. 그러니까 개인이 하는 것보다 협동이 더 효과적인 것이 아니라 협동의 효과를 보기 위해서는 개인이 할 때와는 또 다른 어려움을 헤쳐 가야 한다는 것을 알았으면 한다.

개인적인 일이 많아 농장을 그만두고 여유를 가지나 했더니, 아니 일을 만들지 말고 시간을 가지라고 미리 조언까지 했음에도 또 일을 무지하게 만들어 진행하고 있더구나. 아니지. 쉬면서 하고 싶은 일은 더 많이 만들어 놓은, 그리고 더 많이 벌여 놓은 상황이지. 그래 그것이 너라는 것을 알고 있으니 어쩌겠냐. 단지, 너의 그 무한대의 오지랖이 좋은 장점으로 나타날 수 있는, 그런 협동이 살아 있는 지역 사회가 되기를 바랄 뿐이다.

G에게

동시대 90% 이상의 동년배가 대학이라는 한 가지 길에 몰려 있는 시대에서 다른 길을 선택한다는 것은 쉬운 일이 아닌 듯하다. 이 길 저 길을 다녀 본 나이 든 나도 그 시기로 다시 돌아간다면 너와 같은 선택을 할 수 있을지는 의문이다. 네 성격에 담담할 수도 있었겠지만, 보통의 사람들은 매우 불안해할 것이고 사회에서 낙오되는 것이 아닌가 의심이 생길 수밖에 없다고 생각한다. 네가 들어온 때를 기점으로 20대 초반의 청년들이 들어와 젊은협업농장의 중심이 되면서 농장의 모습은 변화하기 시작한 듯하다.

대표적인 것이 배움에 대한 고민이 생겨 버린 것이다. 젊은협업농장의 목표가 그렇기 때문에 30~40대가 중심이었을 때도 교육은 진행했지만 그때는 농장을 새로 만들어 독립하고, 농촌 지역에서 살아가는 데 필요한 실용적인 부분, 협동조합의 운영이나 지역과의 대면에 집중을 했다면 20대의 청년 시기에 농장에서 일하고 농촌에서 살아가고 지역에서 활동하는 것은 40~50대의 것과는 당연히 달라야 한다고 생각하게 되었다. 대학에 진학하지 않고 농장, 농촌으로 들어오는 것은 배움을 접고 생활 전선에 뛰어드는 것이 전부가 되어서는 안 되고, 그 배움이라는 것이 단지 현장에서 생존하기 위한 기술교육만도 아닐 것이고, 진로를 농업이라는 직업으로 한정 지어서도 안 될 것이며, 농장이라는 한정된 공간에서 많은 시간을 보내기 때문에 특정 사람의 한정된 생각만이 중요하게 전달되어서도 안 될 것이며, 노동이라는 특성이 가지는 매력적인 즐거움에만 빠져서도 안 될 것이며, 그럼에도 불구하고 농장에서 농산물 생산과 판매를 통해 우리의 생계를 책임질 수도 있어야 하는…….

대학 진학이 전부냐고 말과 글로 비판하기는 쉬워도 대학 진학이 아닌 다른 진로의 모습, 진로의 과정을 보여 주어야 하는 것, 그러한 공간을 만들고 그 공간이 또한 배움의 지속이라는 것을 담보해 주어야 하는 것 역시 어른들이 몫이라고 생각하였고, 그럼에도 농장이 또 다른 형태의 학교로 바뀌는 것이 아니라 농장은 농민들이 일하는 일터로 남아 있을 수 있는 방안은 무엇이 있을까를 고민할 수밖에 없었다. 그것이 되지 않는다면 농장에 들어오라는 말이나 지역에 남으라는 말은 농장의 일 꾼을 구하려는 술책에 불과하다는 생각까지 들었다. 물론, 이 일을 농장 혼자의 힘으로 할 수 있는 것이 아니기 때문에 또, 너희와 같은 청년들이 주변 지역에도 간혹 있기 때문에 지역의 단체들에게 제안하고 요청해서 진행하였다. 어떻게 그 많은 강좌들이 지역 사람들의 힘으로 열리게 되는 것인지 지금 생각해도 신기할 뿐이다. 강의하던 사람이 다른 강좌에는 함께 학생으로 참가하고, 학생으로 참가하던 사람이 또 다른 강의에는 강사로 참가했다. 비록 체계적으로 움직이지는 못했지만 지역 청년들이 지역에서 충분히 배움을 지속할 수 있다는 가능성을, 그것도 일을 한다는 전제하에 배움의 체계를 지역에서 구성해 가는 과정은 '지역이 학교'라는 구호를 현실화시키는 과정이었다고 생각한다. 농장은 그 체계와 연계하여 작업 시간을 재변경하면서 다시 농장의 구조를 변화시키는 연습을 했다. 아마, 올해는 좀 더 본격적으로 일을 하면서 배움을 지속할 수 있는 교육 체계가 만들어질 것이라고 생각한다.

  누가 뭐라고 하든 이런 시도는 농장에 들어와서 일을 하면서도 배움의 과정을 멈추지 않은 너희들이 있었기 때문에 가능했다는 것을 말하고 싶다. 너희들이 농장에서 일하면서 방송으로 공부를 하고, 배움에 대한 의욕을 보여 주지 않았다면 지역도 그렇게 열심히 움직이지 않았을 것이라고 생각한다.

  아마, 이후 점점 체계화될 지역 기반 교육 체계를 보고 농장으로, 그리고 지역으로 들어오는 청년들이 있을 것이라고 생각한다. 아마 그때는 반대로 너희들이 처음 농장에 들어왔을 때의 마음과 태도를 이들에게 어떻게 배우게 할 것인가를 우리 농장은 고민하게 될 것 같다. 그래 잘 이해하기는 어렵지만, 아니 오해하기가 더 쉽겠지만, 농장은 항상 불안정한 상태를 유지하는 것이 좋다고, 그 불안정한 상태에서 새로운 일을 시도할 수 있고 자기를 바꿀 수 있고 변화를 가져올 수 있는 힘이 있다고 생각한다. 불안해서 안정을 찾아왔더니 이곳이 더 불안정하다고 하는 누군가의 말에 다행이라는 생각이 들 정도니까. 물론, 마음이 불안정하라는 뜻이 아니다. 농장에 들어오는 사람이 누군가에 따라 농장 자체가 변화할 수 있는 힘은 불안정을 견뎌 내는 힘에서 비롯된다고 생각한다.

그래도 한 번은 더 기억했으면 한다. 현재 모습의 농장이 가능하고, 또 너희들이 배움의 과정을 지속할 수 있는 것은 바로 지역의, 지역에 있는 사람들의 에너지라는 것을. 밖에서 볼 때는 농장이 보이겠지만, 농장이 볼 때는 지역이 보일 뿐이다. 청년들을 위한 교육이 필요하다는 생각은 하고 있었지만 그 실천은 해강산 프로젝트를 진행한 순리필름을 비롯한 지역 분들의 관심과 노력으로 시작되었다는 것을. 청년들이 폭 좁은 농장 내의 꼰대의 생각을 너무 쉽게 받아들이는 구조라는 문제 제기와 이를 극복하기 위해 지역 사람들이 청년들을 대상으로 하는 프로젝트가 필요하다는 제안으로 말이다. 단 두 명의 청년을 위해 십여 명의 사람들이 모여 계획하고 진행하고 또 더 많은 사람들이 돈을 모았다. 맞아. 청년들의 성장은 단지 한 사람, 한 단체에서 책임질 수 있는 것이 아닌 것 같다. 밖에서 보면 특정 단체가 보일지 몰라도 그 안을 들여다보면 직간접적으로 연결된 많은 지역 단체와 사람들의 스스로도 감당 못 할 정도의 열정에 의해 이루어진다는 것을 말이다. 어쩌면, 열정 페이는 그 사람들에게 해당되어야 할 듯하다. 아마 앞으로 진행될 다양한 지역의 교육은 우리도 모를 수 있는 더 많은 사람들과 지역 단체들의 협력에 의해 진행된다는 사실을 기억했으면 한다.

물론, 그 강의와 행사에 빠지지 않고 참가한 너희들도 참 대단하다고 생각한다. 우리는 욕심이 많아서 했으면 하는 온갖 일과 들었으면 하는 강의를 계속 만들고, 너희들은 너희들대로 하고 싶은 것을 또 만들고. 그러면서도 열심히 강의에 참가하지 않는다고, 일에 대한 집중도가 떨어져 진도가 나가지 않는다고, 지역 일에 적극적이지 않다고 다그치지만 내가 너희들 또래였다면 못 했을 거라는 생각도 든다. 그냥 선생 하던 사람의 직업병이구나 생각하면 될 것 같다. 이 글을 쓰고 있는 이 순간도 너희들에게 농장 일을 모두 떠맡기고 난 책상 앞에 앉아 있으니 말이다.

남들은 우습게 들리지 모르겠지만, 내가 항상 청년들을 자랑스럽게 생각하는 첫 번째는 1, 2년이 지나도 일을 시작하는 시간이 늦춰지지 않는다는 점이다. 여러 사람이 함께 일하는 농장 구조에서 시작 시간에 맞추어 나오는 사람이 있는 반면에 늦게 나오는 사람도 있는 것이 당연하다고 생각한다. 공동 작업에서 이러한 현상이 반복되면 항상 시간에 맞추어 나오는 사람은 손해 본다는 생각이 들게 되고 차츰 시작 시간이 제일 늦게 나오는 사람의 시간으로 늦춰지든가 아니면 늦게 나오는 사람에게 벌칙을 주는 규칙을 만드는 방식으로 진행된다. 약속은 하지만 일찍 나온다고 혜택이 있거나 늦게 나온다고 불이익을 받는 것도 없는 상황에서 그 약속은 대부분 손해 보지 말자는 방향으로 흘러가는 모습을 자주 보아 왔거든. 더군다나 늦게 나온다고 야단을 쳐야 하는 사람이 가장 늦게 나오는 상황에서 말이야. 누가 늦게 나오든 청년들이 묵묵히 약속대로 시간을 맞추어 나오고 그들이 일을 계획하고 진행하는 모습은 학교의 강의나 선생의 훈화 말씀으로 배우거나 실천될 수 있는 것이 아니라는 점을 알고 있기 때문에 항상 고마워하고 우리 농장의 자랑으로 생각한다.

지난해 교보교육대상 시상식 자리에서는 간단히 표현했지만 원고에는 이렇게 적혀 있었다. "오늘 받은 교육대상은 젊은협업농장의 체계화, 규모화와 같은 농장의 발전에 의해서가 아니라 농장에서 함께 일하고 배움을 지속하고 있는, 그리고 앞으로 함께할 청년들의 삶의 방식, 미래의 활동에 의해 그 의미가 나타날 것이라고 생각합니다. 이 청년들은 오늘 수능을 치는 동시대 친구와는 전혀 다른 배움의 방식, 삶의 방향을 모색하고 있습니다. 학교가 아니라 농장이라는 공간에서, 캠퍼스가 아니라 지역이라는 현장에서, 도시가 아니라 농촌에서, 경쟁이 아니라 협력을 통해, 책만이 아니라 노동을 함께하며, 빌딩 속이 아니라 자연 속에서, 교사가 아니라 동료와 함께…… 누구도 가 보지 않은, 한 치 앞도 보이지 않는 안개 자욱한 불안한 길을 손으로 더듬어 가며 찾아가는 이 청년들의 용기와 열정 그리고 미래를 기대해 봅니다. 독립된 인간으로 새로운 삶의 방식, 새로운 삶의 관계 그리고 새롭게 만들어 갈 사회의 위대한 평민으로 등장하기를 바랍니다. 청년들의 건투를 빕니다."

한 가지 부탁은, 제발 농장 청소와 정리 좀 했으면 한다.

농촌으로 들어오고 싶다던 z에게

청년들은 말한다. 농업을 하고 싶다고, 농촌에서 살고 싶다고 말한다. '음, 지금 시기에 귀한 생각을 하는 청년이구나.' 그들이 생각하는 농업과 농촌은 참 멋진 것 같다. 자기가 먹을 만큼만, 작은 규모에서 최소한의 노동으로, 이를 통해 자급을 하고 싶어 한다. 에너지를 사용하지 않고, 남들이 어렵다고 하는 무슨 무슨 농법으로, 또 몸에 나쁜 화학물질(전자파 포함)은 일절 몸에 들어오지 않게, 더군다나 나만의 시간을 충분히 가지면서 자연의 품속에서 살고 싶다고 한다. 4시간 노동하고 4시간 자기를 위해 살고, 도시의 찌든 삶을 벗어나 여유롭고 자유롭게, 그러면서도 주변 사람들과 더불어 도시와 다른 공동체적 삶을 살고 싶다고.

그런 농촌이 있으면 내가 제일 먼저 가고 싶다고 에둘러 답한다. 속으로는, '그럼 지금까지 반평생 농업을 하고 있는 농민들은 일을 못해서 그렇게 많은 시간을 노동하고 있는 건지, 아님 너무 돈 욕심이 많아 먹고 살기 힘들다고 하는 건지, 그것도 아니면 아이디어가 없어 충분히 부가가치를 못 만들어 내는 건지, 아님 배운 게 없어서 문화를 향유할지 모르거나 일만 해도 삶에 만족하는 걸까'라는 질문이 입천장을 뱅뱅 돈다. 아마, 이 말을 뱉는 순간 '꼰대'라는 무지막지한 일반화로 도매급으로 넘어가겠지. (뭐, 이건 사실이지만.) 대화 상대 명단에서 아예 빠지게 될 것이라는 생각도 들면서, 그 생각에 더 기분이 나빠지면서, 그냥 입천장에서 맴돌던 말들이 밖으로 빠져나오는 상황이 반복되는 것 같다. 아니 어쩌면 이건 관심이 많은 경우에 해당하고, 많은 경우는 다른 사람 연락처를 주면서 연락해 보라고 하고 일어나는 경우가 대부분이다.

지역 농업단체는 말한다. 농사는 우리가 지을 테니까 농사지을 사람 말고 농업 실무자를 좀 보내 달라고. 농민단체에서 농업, 농민의 관점을 가지고, 밤을 새워 일할 투지와 의지와 열정을 가진, 더군다나 실무 능력까지 갖춘 — 하나 더 붙이자면 적은 임금으로도 오래 일할, 한마디로 하면 자기 인생을 투신할 — 사무장, 회계 담당, 유통 담당, 도농 교류 담당이 시급히 필요하다고. 난 고등학교만 졸업해서도 이 정도 하는데, 더 배운 사람들은 더 잘하지 않겠나, 라는 말도 덧붙인다. 요즘 청년들이 생각하는 삶은 우리와 또 다른 것도 있을 것이고 예전같이 서클을 통해 투사를 만들어 내는 것이 우리가 바라는 교육이 아니라고 말하고, 좀 더 성장할 때까지 기다리고 지역을 벗어나 다른 곳에서 많은 것을 배울 수 있도록 지원해 주면서 사람의 순환이 이루어지는 구조를 만들어야 하지 않겠냐는 원론적인 답을 할 수 있을 뿐이다. 물론, 이렇게 대답하면 지금의 농촌 현실, 지금의 농촌의 어려움을 토로한다. 기다리다가 농업, 농촌이 무너질 정도로 절박하다는 말을 하니 답은 점점 궁해지고 받아 놓은 소주가 어디로 들어가는지 모르게 자꾸 사라진다. 만약 당신의 자녀라면 앞에서 제안한 그러한 조건에서 일을 시킬 수 있겠냐는 말이 입에서 뱅글뱅글 돌지만, '농촌 일꾼이 아니라 도인같이 생활하려는 청년들만 들어오는 것 같다'는 뼈아픈 말이 등장하면, 차마 내뱉지 못하고 소주와 함께 삼켜 버린다.

지역 농민은 말한다. 아니 도통 뭐한다고 집 마당의 풀도 깎지 않고, 바이오 무시긴가 태평양 무시긴가 하는 농법을 한다는데 논밭의 작물은 풀 속에서 찾아야 보이고, 개(고양이)만 안고 살고, 아침에 일찍 일어나지도 않고 도통 뭐 먹고 살려고 하는지……. 쯧쯧 혀를 찬다. 돈 벌 수 있는 작물을 알려 줘도 안 하고, 푼돈이라도 벌라고 동네 사람들 일 갈 때 같이 가자고 하면 바쁘다고 하고, 동네 행사에 부르면 얼굴만 빼쭉 보이고 사라져 버리고, 찾아가도 집에도 잘 없고. 요즘 청년들이 좀 그런 면이 있지만 그냥 좀 두고 보시라고 변명해 보지만 청년들에 대한 어르신들의 불만은 끝도 없이 이어진다. 먹고살려면 새벽부터 밤늦게까지 쉬지 않고 몸뚱이를 굴려야 하는데, 그래서 자기 땅이라도 있고 돈이 솔솔 들어와야 농사짓는 재미도 있지 남의 땅 조금 얻어서 저렇게 해서 무슨 재미로 사는지, 그리고 이 청년들은 또 왜 이리 농사일을 일찍 마치는지 아직 해가 남아 있는데 가 보면 농장에 사람이 없다고 의아해하신다. 청년들이 공부도 해야 하고 문화 활동도 해야 한다고 하면 앞에서는 이해하시는 척하지만 뒤돌아서며 '장정들이 잠도 안 자고 일해야지, 이 시골에서 무슨 개뼈다귀 같은 문화 활동을……' 하는 혼잣말이 다 들린다. 그래도 농촌, 농업이 희망을 가질 수 있는 것은 많은 청년들이 들어오는 것이고 이들이 잘 성장할 수 있고, 이들이 삶을 영위할 수 있는 곳이어야 농업이 지속 가능하고 농촌이 활력을 가질 수 있지 않겠냐고 말하려고 고개를 들면, 굽은 허리와 갈라진 손등과 검게 그을리고 깊이 팬 이마의 주름부터 보인다. 내 머릿속에서도 참 배부른 소리고 전직이었던 선생 같은 소리만 하고 있다는 생각이 떠오른다.

 z야, 우리는 아마 위의 세 가지 입장이 겹치는 어디쯤에 위치하고 있을 듯하다. 어디에 장단을 맞추라고 할 수도 없고, 어떻게 하는 것이 좋

은 것이라는 말을 하기도 어렵지만 농촌에 올 때 생각해야 할 무언가는 있을 듯하다. 어쩌면 농촌은 단순할지도 몰라. 더 복잡한 것은 농촌에 오려는 청년들의 생각이 수십, 수백 가지라는 점이지. 다가올 미래에 돈을 벌 수 있는 블루 오션이 농업이라고 생각하는 청년부터 생태적 삶이라는 새로운 삶의 형식을 실현할 수 있는 공간이 농촌이라고 생각하는 청년까지 농촌을 선택하는 이유는 너무 넓으니 뭐라고 꼭 집어 이야기하기가 참 어려운 상황인 듯하다.

최근 연구 보고서를 보면 현재와 미래를 모두 부정적으로 보는 청년들(20~30대)이 지속적으로 증가(2013년 34%, 2015년 45%)하고 있고, 40~50대 역시 다수가 붕괴-새로운 시작을 미래 사회로 생각한다는 결과가 있는 것을 보면 아무래도 '새로운 시작'을 위해 농촌을 선택하는 비율이 점점 높아질 것이 아닌가 생각한다. 이들이 말하는 새로운 시작은 소규모 공동체 활성화, 이웃과의 소통과 나눔, 환경 친화적 삶, 노후 등 성장주의를 중심에 두는 현 사회에 저항하면서 다양한 삶의 양식을 보존하고 사회의 경계인을 보호하는 사회라고 그 보고서에서는 말하고 있다.(《한국인의 미래 인식, 사회 분위기, 미래 적응력 조사》, 과학기술정책연구원, 2015년) 나는 지금 청년들이 참 똑똑하다는 생각이 든다. 그러한 삶과 반대되는 삶을 살라고 수십 년을 교육받고, 지금의 사회에서 살아남기 위해 생존 기술을 배운 상황에서도 이런 생각을 하는 것을 보면 청년들의 보수화라는 말은 맞지 않다는 생각이 든다.

농촌에 오려고 했을 때 제일 먼저 생각해야 할 하나는 우리가 인정해야 한다는 것이다. 우리는 모른다는 것을, 우리는 그렇게 살아 본 적이 없다는 것을, 우리는 경험해 본 적이 없다는 것을 말이야. 공동체, 환경 친화, 이웃과 소통, 지역이라는 소규모 커뮤니티, 농업 등 우리가 새로운 미래와 연결시켜 떠올리는 단어와 이어지는 생활, 삶을 살아 본 적이 없다는 거지. 물론, 책을 통해서 이래야 된다, 저래야 된다는 글에 공감을 하고 머리로 이해했을지는 몰라도 우리의 몸은 냉철한 머리와 달리 붕괴되었으면 하는 사회에 최적화되어 있다는 점을 인정했으면 한다. 머리 역시 현실의 상황에서는 합리성, 논리성이라는 붕괴 사회의 접근 방식을, 우리에게 너무나 당연하고 익숙한 방식을 사용할 가능성이 매우 높아. 또한, 책에서는 어떻게 해야 한다는 결론은 있지만 그것을 위해 어떻게 해야 한다는 과정, 특히 그 과정의 힘듦, 그 과정을 위해 무엇을 준비해야 하는가에 대해서는 이야기하지 않는 경우가 대부분이거든.

그래, 난 배워야 한다고 생각한다. 20년을 배웠는데 뭐를 또 배우냐고? 말했지만 지금까지 배운 것은 붕괴되어야 한다고 생각하는 현실이고, 배워야 할 것은 새로운 사회에 관한 것이겠지. 그 배움은 단지 도서관에 앉아서 책으로, 교실에서 강의를 들으면서 배우는 것이 아닐 듯하다.

"한국에는 협동조합의 전통이 거의 없다. 자마니 교수의 얘기는 에밀리아의 성공을 뒷받침하는 것은 시민 사회의 오랜 전통이라는 것 아닌가? 짧은 시간에 에밀리아 로마냐와 같은 경제를 만들 수 있는 방법은 없는가?"

"2주 전에도 캐나다의 학자와 협동조합 활동가들이 다녀갔다. 매년 여름에 2주 동안의 협동조합 코스를 개설하는데 이들은 매년 빠지지 않고 온다.

실제로 밴쿠버 등지에서는 여기서 배운 것이 현실에서 성과를 내고 있다. 책과 논문으로 알 수 없다. 필요한 것은 이 지역의 문화를 느끼고 체득하는 것이다. 밥도 같이 먹고, 같이 토론하면서 알아 나가야 한다."

– "협동을 통한 평등한 사회, 꿈같은 세상은 가능하다 – 스테파노 자마니 볼로냐대학 경제학과 교수 인터뷰", 〈오마이뉴스〉, 2010년 12월 11일

이에 대한 기자의 생각이 아주 정확해. "이 인터뷰와 마찬가지로 단시간에 모든 걸 해결하는 묘약이 있을 리 없다. 그러나 문화라니……. 이건 더 절망적이다." 그래, 이 생각이 필요할 듯하다. 새로운 사회가 그렇게 쉽게 될 리는 없으니까 말이다. 절망적일 정도로 어려운 것이겠지. 그 절망을 어떻게 견뎌 낼 것인가가 그 과정에 필요한 것이라고 생각한다.

그럼 농촌에 와서 지역의 문화를 느끼고 체득하고 밥도 같이 먹고 같이 토론하면 새로운 사회에 대해 알 수 있냐고? 농촌이 그러한 새로운 사회이거나 준비가 된 곳이냐고? 앞에서 말했지만 아니지. 역시 아니지. 지금 살고 있는 곳보다 더 경쟁적이고, 더 각박하고, 더 경제적인 발전에 목을 매고, 더 바쁘고, 더 보수적이고……. '더 어쩌고'를 수십 가지는 더 말할 수 있다. 청년들의 착각 중에 하나가 농촌은 새로운 사회이고 그곳에 가면 내가 생각하는 삶을 누릴 수 있을 것이라고 생각한다는 것이다. 도시에서 느낀 부조리를 농촌에서는 느끼지 않아도 될 것 같은, 농촌에서는 나를 더 이상 소비시키지 않아도 될 것 같은 거지. 아니야. '더 어쩌고'를 반복하자면, 농촌은 도시보다 더 에너지를 많이 쓰고, 더 비생태적이고, 더 기름에 의존하고, 더 가꿀 여유가 없는 곳이지. 그런데 왜 농촌

이냐고? 지난해에 나온 〈농촌으로 이주하는 청년층의 현실과 과제〉라는 보고서를 보면 청년 귀농·귀촌의 네 가지 키워드 중 하나로 '틈'을 제안하고 있다.

'경쟁에 치이고 친구도 경쟁자가 되는' 도시의 구조 속에서 살던 청년들이 지역에 와서는 '한 가지 주제에 대해서 같이 협동해서 조합을 만든다든지 간담회를 연다든지' 하면서 집단지성이 모여서 뭔가를 해결해 갔고, '자본이나 돈이 아닌, 사람이나 아이들, 땅의 힘 같은 것들'을 모아서 새로운 무언가를 창조해 나가기 시작했다. 지역은 청년들에게 도시에서와는 다른 탈자본화된 삶과 새로운 상상을 실현해 볼 수 있는 공간으로서의 틈이 되어 주고 있다. 이러한 틈이 지속적으로 형성되고 확산될 수 있도록 시민 사회와 지역 사회가 함께 모색해야 할 것이다.

- 〈농촌으로 이주하는 청년층의 현실과 과제〉,
희망제작소 외 공동연구, 삼선재단 펴냄, 2015년

난 틈이 아니고 '여백'이라고 표현하는데, 농촌은 그런 일을 시도해 볼 여백이 있다는 말이야. 하지만 그것은 여백에 불과해. 보통 사람들이 불편함을 느끼는, 이것도 없고 저것도 없는. 하지만 이 여백이 청년들에게 무언가를 창조해 나갈 공간이라고 생각한다. 그 여백은 아무도 없는 공간이 아니라 여백을 둘러싸고 많은 사람들이 살고 있다는 것을 알았으면 한다. 우리가 농촌의 가치를, 불편한 그 여백을 발견하기 전까지 이 공간을, 이곳을 온몸으로 살아온, 어쩌면 지켜 온 사람들이 살고 있는 곳이라는 것을 알았으면 한다. 그들은 도시와는 다른 그들의 문화를, 그들의 합리성을, 그리고 그들의 생활 방식을 터득하고 있을 거야. 같은 한국인데 도시와 왜 다르냐고? 누군가는 농촌에 오는 것은 말만 통하지 국제 이민과 비슷할 정도로 생활 방식과 판단 근거와 관계 구조가 다르다고도 말하는데, 농촌은 지역과 농업을 기반으로 하는 사회이기 때문에 대도시의 삶의 방식, 대도시의 합리성과는 다를 수밖에 없어. '그것이 무엇인가'를 배울 수 있는 가장 빠른 방법은 농업을 직접 해 보는 것이라고 생각한다. 그것으로 자기 삶의 생존을 걸어 보는 것이 가장 빠른 방법 — 물론, 그냥 자기 밥벌이를 하라는 것이 아니라 다른 농민들과 엮여서 그들의 방식으로 살아 보는 것 — 이고, 아니라면 농민단체, 지역 주민들과 깊은 교류를 해 보라고 말하고 싶다. 그들의 생각과 판단을 존중하면서 그들이 판단하는 방식과 근원을 찾아가다 보면 어느덧 땅과 농업을 만날 수 있을 것이라고 생각한다. 그러다 보면 이런 말을 할 거야. 내가 가장 많이 듣는 말이지. '이렇게 살려고 농촌에 왔나?' 이렇게 살려면 도시에선 더 많은 돈을 벌 수도 있는데……. 맞아 나도 그렇게 말하니까. 하지만 이 말을 하는 사람들은 새로운 사회를 위해 지금 무엇을 해야 하는지를 아는 사람들이라고 생각한다. 많은 경우에 그냥 소집단 또는 개인적으로 자기가 그리는 새로운 삶의 방식을 그냥 실천해 버리지. 그래, 농촌에서도 도시와 같이 혼자, 익명성을 가지고, 사생활을 충분히 보장받으면서 살 수는 있을 거야. 또, 나의 삶의 지향점, 내가 추구하는 삶을 바로 실천해 버릴 수도 있을 거야. 혼자가 힘드니 종교, 정치, 사상적으로 유사한 우리끼리 모여서 말이야. 그렇게 '우리'가 만들어지면 주변 모든 사람들은 바로 '너희'가 되어 버려. 우리가 그렇게 살겠다는데 너희들에게 왜 참견을 받아야 하냐고 논리적이고 소위 합리적인 이론을 펼 수 있어. 난 행복한 나의 삶을 살려고 왔을 뿐이라고 결론을 내릴 거야. 맞아. 그 말이 틀렸다는 게 아니야. 나도 '협동해야 하고, 서로를 배려해야 하고, 주위 사람을 존경해야 하고, 참아야 하고' 뭐 이런 느글거리는 말을 하려는 것이 아니다. 안 해도 되니 '우리'끼리만 그렇게 하지는 말아 달라고 말하고 싶다. 이들은 혼자, 익명적으로, 우리끼리만 하는 것에 익숙하지 않은 사람들이기 때문에 우리는 남의 공간에 비집고 들어온 이물질이 될 가능성이 높아. 차라리 혼자 조용히 할 수는 있을 것이다. 하지만 이것은 새로운 '사회'를 만들어 가는 것은 아니라고 생각한다.

앞에서 농업을 직접 해 보라고 말했지만 농업만 하라고는 말하지 않았다. 농촌이, 그리고 농업이 살아남는 방법은 이것을 둘러싼 수많은 직능단체들이 있어야 하기 때문이다. 농업이 외롭게 농산물만 생산하여 판매를 하는 것이라는 생각은 어쩌면 농촌을 도시를 먹여 살리는 '식량공장' 정도로 보는 것이다. 농촌 지역은 농촌 지역대로 자기의 완결성을 가지고 삶을 영위할 수 있는 공간이고 한양보다 더 오래 지속된 곳이 대부분이다. 농업, 그리고 농업과 직접 연결되는 활동만 남고 모두 떠나 버린, 수십 년 동안 필요성을 모두 잊어버렸을 수는 있지만(생존에 꼭 필요한 것은 대부분 있지만) 그 생명력, 활력, 건강성을 지속하기 위해서는, 그것들을 다시 복원해야 할 것이라고 생각한다. 그 복원 과정이 단지 도시를 모방하는 것이 아니었으면 한다. 농촌이 농촌다우면서 그 직능이 살아 있게 만드는 것은 무엇을 하느냐가 아니라 그 내용을 어떻게 채우느냐에 달려 있고, 그것이 바로 새로운 사회를 만드는 시작 지점이라고 생각한다. 새로운 사회라는 것은 기존에 없던 것을 하는 사회가 아니라 기존의 것이 새롭게 해석되고 내용에서 달라지는 것이라고 생각하기 때문이다. 그래서 지역에서 배우라는 말을 또 하고 싶다. 지역 사람들 속에서 배우면서 지역에서 필요로 하는 일과 내가 하고 싶어 하는 일, 내가 가진 재주가 결합되는 지점을 찾아내는 과정이 창업의 과정이라고 생각한다.

그래, 농촌 지역에서는 너를 고용하여 월급을 주고 고용 조건을 협상할 고용주는 별로 없다. 취업이라는 지금까지의 삶의 방식을 버리는 것이 쉽지 않을 것이다. 지역이 공간을 열어 주고 너 스스로가 너를 고용하고 지역 사람들이 협력해 주는 방식이 최선이라고 생각한다. 나의 근로 조건과 고용 조건을 우리나라 평균 — 그 평균값도 이해가 되지 않지만 — 과 비교하지 말고 지역 사람들, 너를 지원해 준 지역 농민들과 비교했으면 한다. 나는 자기의 터전이 없는 글로벌 인재가 아니라, 국가 단위의 산업 인재가 아니라, 지역 인재가 필요하다고 생각한다. 글로벌 인재는 세계 어디를 가나 동일한 방식과 수준으로 일할 수 있겠지만, 지역 인재는 자기가 몸담은 지역을 배우고 이해하고, 이를 기반으로 새로운 접근 방식과 일을 만들어 낼 수 있는 사람이라고 생각한다. 글로벌 인재보다 지역 인재가 훨씬 창의적 활동을 하는 것이 아닐까? 물론, 한 지역만 아는 지역 인재가 아니라 지역을 배우고 알아가는 것을 알고 있는 지역 인재 말이야.

지역 리더, 지역 어르신들을 대상으로 강의를 할 때 빼놓지 않고 하는 말이 있다. "사업의 내용을 결정하는 것은 지역 어르신들이다. 어르신들이 우리를 위한 사업만을 벌인다면 우리 지역은 어르신들을 위한 최적의 공간이 된다. 그렇게 되면 어르신들이 지내기 좋은 곳이 되고 그럼 또다시 어르신들만 들어오게 된다. 어르신들만 모여 사는 사회, 그것이 여러분이 바라는 농촌인가? 사업 내용을 고민할 때 우리 지역에 이런 것이 있으면 나의 자식이나 손주에게 참 좋겠다고 판단되는 일을 했으면 한다. 그러면 자식이나 손주뻘 되는 사람들이 농촌으로 들어오지 않겠나? 그렇게 다양한 세대가, 다양한 사람들이 모여 사는 곳이 좋은 농촌이 아니겠는가? 그 결정권은 바로 어르신들에게 있다."

만들어진 새로운 사회에 들어가 개인의 삶을 누리는 것보다 아주 부족한 곳에서 새로운 사회를 만들어 가기 위해 하나씩 쌓아 가는 것도 재미있다는 말을 하고 싶다. 그것이 더 창의적인 활동이라고 말하고 싶다. 그것을 해 보라고 말하고 싶다. 물론, 매우 힘들 거라는 말을 우선해야 할 듯하다.

2016년 3월
장곡의 꼰대로부터

정민철 1967년 경주에서 태어나 올해 오십견으로 고생하는 중이다. 서른세 살까지 대구에서 학교 다니는 것 말고 한 것이 없다. 박사과정 중에 풀무농업고등기술학교 전공부를 만드는 일을 도와 달라는 홍순명 선생님의 요청과 박완 선생님의 제안, 그리고 할 일도 별로 없는 상황이어서 홍성으로 왔다. 교사 자격증이 없어 풀무농업고등기술학교 행정실 직
원으로 일과 강의를 시작했고, 전공부를 시작하고 또 10여 년을 '선생질'을 하면서 보냈다. 전공과 무관하게 강사를 못 구한 과목들을 강의했다. 박사는 많이 배워 모든 것을 할 수 있는 사람이라는 지역 사람들의 관점을 받아들여 모르지만 필요로 하는 일을 하다 보니 안 하는 것은 없지만 또 명확히 잘하는 것도 없는 사람이 되어 버렸다. 온 지 10년이 지나서야 홍동면이 농촌이고 도시와는 다르다는 것을 느낄 정도로 감수성이 매우 무디다. 지역에서 만든 갓골생태농업연구소 운영을 떠밀려서 맡다 보니 전공부를 졸업하는 청년들과 지역에서 요구하는, 필요로 하는 일들을 청년들의 창업과 연계하여 진행하였고 그러다 보니 농촌에서 별 이상한 일도 한다는 말을 듣게 되었다. '농촌에서 이런 일을 해도 되는구나'라는 상상력을 제공했다는 것으로 스스로 의미를 부여하고 있다. 2012년 전공부를 졸업하는 청년 두 명과 함께 장곡면에서 협동조합 젊은협업농장을 시작했다. 이런 일이 필요하다는 제안은 많이 하지만 본인이 직접 하지 않는다는 비난을 듣고 객기로 학교를 그만두고 또 배운 것과 무관한 농장을 만드는 일에 덜컥 참가했다. 농장 일을 시작하면서 얼굴 좋아졌다는 말을 많이 들었다. 전직의 특성을 버리지 못해 농장이 교육적 성격을 강하게 띠게 되니 특색이 생기고 여러 관심을 받게 되었다. 이러한 관심이 젊은협업농장의 대단함이 아니라 한국 농업의 상상력과 전망 없음을 재확인하는 것으로 느껴져 매우 안타깝다. 홍동 지역이 수많은 청년들의 땀과 수고로 그 기초가 놓였으나 이들의 모습이 잘 드러나지 않는 상황이 안타까워 최소한 내가 목격한 것이라도 기록해야 할 것 같은 책임감으로 덜컥 이 글을 수락했다가 후회를 많이 했다. 본인은 아니라고 하지만 주변에서 모두 '꼰대', '독재'라고 공식적으로 인정하는 듯하다. 꿈이 없어 앞으로 무슨 일을 할지는 본인도 모른다.

교육공동체 벗

교육공동체 벗은 협동조합을 모델로 하는 작은 지식공동체입니다.
협동조합은 공통의 목적을 가진 사람들이 모여서 만든
권력과 자본으로부터 독립된 경제조직입니다.
교육공동체 벗의 모든 사업은 조합원들이 내는 출자금과 조합비로 운영됩니다.
수익을 목적으로 하지 않기에 이윤을 좇기보다
조합원들의 삶과 성장에 필요한 일들과
교육운동에 보탬이 될 수 있는 사업들을 먼저 생각합니다.
정론직필의 교육전문지, 시류에 휩쓸리지 않는 정직한 책들,
함께 배우고 나누며 성장하는 배움 공간 등
우리 교육 현실에 필요한 것들을 우리 힘으로 만들고 함께 나누고 있습니다.

조합원 참여 안내

출자금(1구좌 일반 : 2만 원, 터잡기 : 50만 원)을 낸 후 조합비(월 1만 원 이상)를 약정해 주시면 됩니다. 조합원으로 참여하시면 교육공동체 벗에서 내는 격월간 교육전문지《오늘의 교육》과 조합 회지 〈벗마을 이야기〉를 받아 보실 수 있습니다. 출자금은 종잣돈으로 가입할 때 한 번만 내시면 됩니다. 조합을 탈퇴하거나 조합 해산 시 정관에 따라 반환합니다. 터잡기 조합원은 벗의 터전을 함께 다지는 데 의미와 보람을 두며 권리와 의무에서 일반 조합원과 차이는 없습니다. 아래 홈페이지나 카페에서 조합 가입 신청서를 내려받아 작성하신 후 메일이나 팩스로 보내 주세요.

홈페이지 communebut.com
카페 cafe.daum.net/communebut
이메일 communebut@hanmail.net
전화 02-332-0712, 070-8250-0712
팩스 0505-115-0712

교육공동체 벗을 만드는 사람들

※ 하파타 순

후쿠시마 미노리, 황호연, 황진원, 황진영, 황정하, 황정일, 황정인, 황정원, 황정욱, 황이경, 황은복, 황윤호성, 황승옥, 황순임, 황봉희, 황숙, 황기철, 황금회, 황규선, 황귀남, 황고운, 황경희, 홍유지, 홍용덕, 홍순성, 홍세화, 홍성은, 홍성구, 홍석근, 홍미영, 현복실, 허효인, 허진희, 허은실, 허수옥, 허성균, 허보영, 함임순, 함영기, 한학범, 한지희, 한경혜, 한은옥, 한영옥, 한영선, 한승희, 한소영, 한성찬, 한봉순, 한민혁, 한만중, 한날, 한기현, 한경희, 하예영, 하정호, 하인호, 하외정, 하승우, 하승수, 하순배, 하광봉, 탁동철, 최희성, 최환근, 최현우, 최현미a, 최현미b, 최탁, 최창기, 최진규, 최주연, 최종순, 최종น, 최정유, 최정아, 최인섭, 최은희, 최은혜, 최은생, 최은숙, 최은미, 최은선, 최은미, 최윤미, 최원혜, 최용기, 최영식, 최영락, 최연희, 최연정, 최애영, 최애리, 최승훈, 최슬빈, 최선영a, 최선영b, 최봄선, 최보람, 최병우, 최미영, 최미선, 최미나, 최미경, 최문경, 최문선, 최동혁, 최대현, 최기호, 최광용, 최광락, 최고봉, 최경미, 최경련, 채효경, 채현숙, 채종민, 채옥엽, 차용훈, 진현, 진주형, 진유미, 진용웅, 진영효, 진영준, 진수영, 진만현, 진낭, 지향수, 지정순, 지은미, 지윤경, 지수연, 주윤아, 주순영, 주수원, 주경희, 조희정a, 조희정b, 조형숙, 조향미, 조해수, 조하늘, 조진희, 조진석, 조자연, 조준혁, 조주원, 조정희, 조인재, 조용현, 조은영, 조윤성, 조원배, 조용진, 조영현, 조영숙, 조영실, 조영선, 조영란, 조여은, 조여경, 조수신, 조성희, 조성진, 조성연, 조성실, 조성대, 조선주, 조석현, 조석영, 조상희, 조윤희, 조윤미, 조문경, 조두형, 조경원, 조경애, 조경아, 조경삼, 제남모, 정회영, 정희선, 정흥용, 정혜령, 정현주, 정현주b, 정현숙, 정현숙b, 정혜레나, 정춘수, 정철성, 정진영a, 정진영b, 정진규, 정종민, 정재학, 정인영, 정이든, 이민동, 정의진, 정은희, 정은주, 정은균, 정유진a, 정유진b, 정유서, 정유진, 정유석, 정용주, 정영현, 정영주, 정영수, 정영숙, 정예슨, 정애순, 정애숙, 정수연, 정성대, 정상학, 정부교, 정보라a, 정보라b, 정미옥, 정명영, 정명예, 정득년, 경기진, 정광호, 정광필, 정광일, 정관모, 정경진, 정경원, 전혜원a, 전혜원b, 전정회, 전유미, 전상보, 전보선, 전병기, 전민기, 전미학, 전미옥, 전미영, 장효영, 장홍월, 장혜진, 장혜숙, 장혜경, 장현주, 장주섭, 장종성, 장재화, 장재혁, 장인수, 장은하, 장은미, 장은영, 장원영, 장영경, 장영정, 장시준, 장슬기, 장선영, 장성아, 장병학, 장도현, 장근욱, 장군, 임혜정, 임현숙, 임항신, 임한철, 임지영, 임주혜, 임종길, 임종은a, 임종은b, 임진수, 임주진, 임성빈, 임성무, 임선영, 임상진, 임명택, 임동현, 임덕연, 임금흠, 이희옥, 이효진, 이화현, 이화숙, 이호진, 이혜정, 이혜숙, 이혜린, 이형환, 이형빈, 이현주, 이현준, 이현민, 이현, 이혁규, 이향숙, 이한진, 이태영a, 이태영b, 이태구, 이충익, 이충근, 이초록, 이창진, 이진회, 이진주, 이진숙, 이지혜, 이지현, 이지향, 이지영a, 이지영b, 이지연, 이준구, 이주민, 이주택, 이주영, 이종은, 이종은, 이정회a, 이정희b, 이정희c, 이정현, 이정윤, 이정연, 이정아, 이재형, 이재익, 이재후, 이인사, 이유희, 이은희, 이은진, 이은주a, 이은주c, 이은남, 이은숙, 이은영a, 이은영b, 이은숙, 이은경, 이윤주, 이윤경, 이윤미, 이윤영, 이윤미, 이웅, 이월녀, 이원님, 이운서, 이우진, 이용용, 이용석a, 이용석b, 이용상, 이용기, 이영화a, 이영화b, 이영호a, 이영호b, 이영혜, 이영주a, 이영주b, 이영아, 이영선a, 이영선b, 이영상, 이연진, 이연주, 이연숙, 이연수, 이애영, 이아리마, 이시림, 이승현, 이승태, 이승윤, 이승열, 이승연, 이승아, 이슬기a, 이슬기b, 이순임, 이수정, 이수미, 이소행, 이성원, 이성숙, 이성구, 이설희, 이선영, 이선주, 이선표, 이선영, 이선애, 이선미, 이상훈, 이상직, 이상연, 이상훈, 이상향, 이상영, 이상대, 이상균, 이분자, 이보선, 이보라, 이병준, 이병재, 이병곤, 이범희, 이민재, 이민아, 이민숙, 이민수, 이민등, 이미옥, 이미영, 이미연a, 이미연b, 이미숙, 이미숙b, 이미라, 이미, 이명형, 이매남, 이동훈, 이동철, 이동준, 이동범, 이동갑, 이도종, 이도연, 이덕주, 이낭연, 이나경, 이기영, 이기규, 이근희, 이근준, 이근영, 이교열, 이광연, 이판형, 이규호, 이계상, 이경옥, 이경연, 이경진, 이건진, 이갑순, 응준호, 윤지형, 윤종원, 윤우람, 윤영훈, 윤영인, 윤영백, 윤여강, 윤승용, 윤석, 윤상혁, 윤병일, 윤규식, 육신혜, 유효성, 유은지, 유은아, 유영길, 유성희, 유성상, 유근란, 위양자, 원지영, 원종희, 원윤희, 원성제, 우창숙, 우지영, 우완, 우성조, 우경숙, 오혜원, 오현진, 오증근, 오정현, 오정훈, 오은정, 오윤주, 오삼원, 오승훈, 오세희, 오세연, 오세란, 오상철, 오민식, 오명환, 오동석, 오경숙, 영정화, 영정신, 여희영, 여태전, 엄정호, 엄지선, 엄재홍, 엄영숙, 엄기호, 엄과영, 양희진, 양해준, 양지선, 양은주, 양은숙, 양윤신, 양영희, 양영경, 양선화, 양선형, 양서영, 양상진, 양등기, 안효빈, 안혜초, 故안혜영(명예조합원), 안찬원, 안영호, 안지윤, 안준철, 안정선, 안정민, 안영호, 안윤성, 안윤숙, 안용덕, 안용억, 안순영, 안장태, 안정호, 심은보, 심소희, 심수환, 심규장, 심경일, 신희정, 신홍석, 신혜선, 신창일, 신창호, 신창복, 신중회, 신은경, 신은숙, 신은경, 신유준, 신영숙, 신소희, 신미옥, 신귀애, 신관식, 송화원, 송은경, 송혜란, 송현주, 송진아, 송경숙, 송승훈, 송승미, 송승근, 송손한, 송손한, 손진근, 손재희, 손은경, 손소영, 손미, 손말선, 소수영, 성현주, 성현식, 성주연, 성유진, 성용혜, 성열관, 설은주, 설원민, 선미라, 석경숙, 서혜진, 서혜원, 서정오, 서인선, 서은지, 서윤수, 서우철, 서예원, 서승일, 서명숙, 서금자, 서근원, 서경훈, 서강선, 상형규, 복현수, 복준수, 변현숙, 변규선, 백홍미, 백현회, 백지연, 백인식, 백영호, 백송범, 백기열, 배희열, 배희숙, 배진희, 배주영, 배일훈, 배이상헌, 배아영, 배성호, 배기표, 배명규, 방종아, 방등익, 반영자, 박희경, 박희영, 박효정, 박효수, 박휘근, 박혜숙, 박형진, 박현회, 박현희b, 박현선, 박현애a, 박은애b, 박춘배, 박철호, 박진환, 박진숙, 박진수, 박진교, 박지회, 박지홍, 박지인, 박지선, 박지나, 박준영, 박종호, 박종하, 박정현, 박정아, 박정미, 박재현, 박은하, 박은아, 박은성, 박은경a, 박은회, 박은남, 박용민, 박옥주, 박영심, 박영미, 박영화, 박영사, 박영건, 박영숙, 박영, 민형기, 민애경, 민보경, 故문홍빈(명예조합원), 문진숙, 문지훈, 문용석, 문영주, 문순창, 문순옥, 문수현, 문수영, 문수경, 문세이, 문성철, 문분석, 문미정, 문명은, 문경희, 모은정, 모영화, 명수민, 마연주, 마승희, 림보, 류형우, 류창모, 류지남, 류경희, 류재항, 류원정, 류우종, 류영에, 류태옥, 류경원, 도정철, 도인정, 데와 타카유키, 노영필, 노영인, 노상경, 노미화, 노미경, 노경미, 남효숙, 남효주, 남의남, 남선우, 남미자, 남동현, 남유경, 남재현, 김희, 김동욱, 김흥구, 김흥태, 김효정, 김효숙, 김화희, 김홍규, 김혜영, 김혜린, 김혜원, 김형우, 김형영, 김형철, 김형근, 김현회, 김현조, 김현영, 김현엽, 김현실, 김현선, 김현경, 김현, 김현택, 김필립, 김태정, 김태욱, 김충성, 김장진, 김찬영, 김진희, 김진희b, 김진명, 김진회, 김지철, 김지현, 김지연, 김지미, 김지지, 김지광, 김중미, 김준회, 김준연, 김주기, 김종희, 김종숙, 김종승, 김종민, 김정희, 김정현, 김정규, 김정숙, 김정식, 김정섭, 김정삼, 김정기, 김재규, 김재욱, 김재민, 김장환, 김인숙, 김이은, 김이상, 김이민경, 김은희a, 김은회b, 김은진, 김은영, 김은아, 김은식, 김현선, 김은남, 김은경, 김은경, 김윤경, 김윤진, 김유진, 김우영, 김유회, 김용호, 김용회, 김용일, 김용만, 김용란, 김용기, 김요혼, 김영회, 김영진a, 김영진b, 김영주a, 김영주b, 김영자, 김영아, 김영숙, 김영현a, 김영희, 김영미, 김애숙, 김애령, 김시내, 김승규, 김승희, 김승천, 김수현a, 김수현b, 김수진a, 김수진b, 김수정a, 김수정b, 김수정c, 김수정d, 김수정, 김소회a, 김소회b, 김소영, 김세호, 김성진, 김성중, 김성미, 김성화, 김성윤, 김선산, 김선주, 김선수, 김성준, 김석규, 김상회, 김상영, 김상일, 김상숙, 김상남, 김상기, 김봉식, 김보현, 김병희, 김병훈, 김병구, 김병섭, 김병기, 김범수, 김방언, 김민희, 김민제, 김민정, 김민수a, 김민수b, 김민곤, 김미향a, 김미정, 김미라, 김무영, 김묘로, 김명회a, 김명진, 김명섭, 김명숙, 김동설, 김동이, 김경진, 김도연, 김도석, 김대성, 김다회, 김다영, 김남철, 김남규, 김기오, 김기언, 김규향, 김규태, 김규리, 김광영, 김고종호, 김경회, 김경영, 김경옥, 김경숙, 김경숙b, 김경미, 김가영, 김가연, 기호철, 기형훈, 기세라, 기선인, 금현진, 금현옥, 금명순, 권혜영, 권현영, 권재옥, 권자영, 권이근, 권설태, 국찬숙, 구희숙, 구자숙, 구완회, 구수연, 구본희, 구미숙, 랭이눈, 광총, 곽혜영, 곽현주, 곽진경, 곽노현, 곽노근, 곽광진, 공현, 공은이, 공영아, 고효선, 고춘식, 고은정, 고은미, 고영주, 고영아, 고현정, 고현경, 강현주, 강현정, 강태식, 강진영, 강준회, 강이진, 강은정, 강영정, 강영구, 강순원, 강수미, 강수돌, 강성호, 강성규, 강선희, 강석도, 강서형, 강봉구, 강병용, 강곤, 강경미, 강경모

※ 2016년 3월 11일 기준 1,059명

* 이 책의 본문은 재생 용지를 사용해서 만들었습니다.
* 자원 재활용을 위해 표지 코팅을 하지 않았습니다.